日々の計算指導を見直して豊かな知性を育む

板書で見る計算指導

たし算 と ひき算

たし算の計算の仕方

ひき算の計算の仕方

計算のきまりを使って

かけ算 と わり算

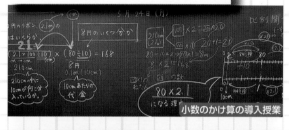
小数のかけ算の導入授業

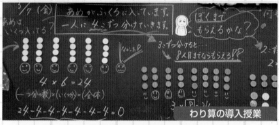
わり算の導入授業

わり算の性質の授業

他の領域でも使われる計算

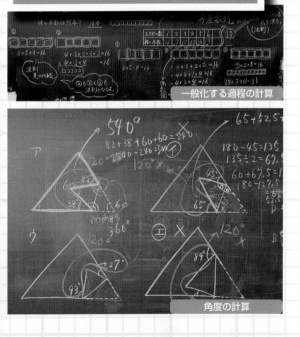
一般化する過程の計算

角度の計算

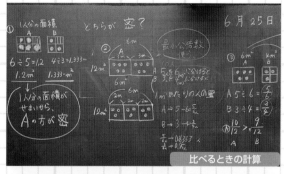
比べるときの計算

形

JN108326

計算ってすごい！ と感動した日

小学2年生～6年生までそろばん道場に通っていた。8+5の計算をする場合，次のように珠を弾いた。

① 8を入れる。

② 5の珠を先に弾いて一の位を3にする。

③ 十の位に1を入れる。

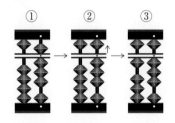

この手順は，型として決まっていた。頭の中で8+5=13と暗算をして，その結果をそろばんで表現する感じだ。

例えば，12-7の場合は，次のように珠を弾いた。

① 12を入れる。

② 十の位の1を弾いて0にする。

③ 一の位を5にする。

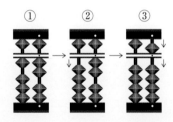

そろばんの場合，たし算もひき算も上の位から処理する。一の位から処理する筆算とは逆である。また，ひき算は，いわゆる減加法で考えることになっていた。12-7ならば，10から7をひいて3と考え，その3を2に足すイメージである。

私は，この型で練習を続けた。そろばんが無くても，加減の計算はクラスで一番速くできた。この型を頭の中で高速で走らせていた。

しかし，3年生の時，衝撃を受けることになる。計算の工夫という算数の授業があった。475+298という式が板書された。その瞬間に私は，頭の中でそろばんを弾き，773と答えを導いた。ところが，ある友だちは475+300=775，775-2=773と考えたのである。最初はその計算の仕方の意味が全くわからなかったが，友だちの説明を聞き，かなり時間をかけて考えることで理解できた。今振り返っても，そろばんの型からの脱却は容易でなかったことを覚えている。

別の友だちは次のように考えを言った。「475から2を298に移動します」
そうすることで，473+300に式を変えるというのだ。「計算ってすごい！」と何度もつぶやいてしまった。まさに目から鱗であった。約40年経つ今もそのときの感動が心に焼き付いている。

教員になってからは，減減法というひき算の仕方を知った。12-3を，2-2=0，10-1=9と一の位の数から引いていく計算の仕方である。それまでは，そろばんの減加法一本やりであったので，約27年前に驚きをもって受け止めた自分がいた。

計算について，長く無機質でシステマチックで固定的な見方をし，スピードと正確性というものさしでしか捉えることができていなかった。しかし，今では，計算は人間的で知的で魅力的なものに見えている。計算指導の重要性をひしひしと感じるこの頃である。

145号編集担当　盛山隆雄

論究 「計算指導」に強くなる

表紙解説「造形日記／Molding Diary Ⅳ」　八洲学園大学教授　佐々木達行
本作は「1週間の塵箱の中身／The contents of my one-week trash box」。1週間の間に塵箱には様々なものが捨てられる。私の生活の痕跡でもある。それらを見直してみると様々な造形素材としての可能性が見つかる。塵箱に捨てられた素材を私の1週間の生活の痕跡としてコラージュの手法で再構成して表現した。1週間の生活記録で「造形日記」でもある。

計算について考える子どもを育てる　│　盛山隆雄

1．計算へのイメージ

算数の指導内容の中で最も多いのが計算領域の内容である。明治の時代から言われている「読み書きそろばん」を背景に，現在も計算ができるようになることを，初等教育の基本内容の1つと位置付けている保護者や子どもは少なくない。「計算ができる＝算数ができる」または，「計算＝算数の基礎・基本」といったイメージである。

しかし，当然のことだが計算技能の習得だけが計算指導の目的ではない。むしろ計算は，重要な見方・考え方を育む材料としての役割があるように感じている。

本特集では，改めて計算指導の目的や内容，方法について，算数・数学教育を研究されている先生方にお考えを論じていただき，計算指導について深く学び，計算指導に強くなるための一冊を編むことにした。

若い教師が増えている昨今，計算領域の内容について自信を持って指導できるようになることは，とても大切なことだと考えている。

2．計算指導について考える視点

今の学習指導要領は，資質・能力の育成を目的に作られている。では，資質・能力の育成を目的とした計算指導は，どのようなものなのだろうか。資質・能力ベイスを視座として，次のような視点で「これからの計算指導」について考察することが必要だと考える。

まず1つ目は，計算指導の問題点は何かについての考察である。学力調査や計算に関する授業実践を基に，計算について子どものどんなところに課題があるのか。そして，授業のどんな点を改善する必要があるのかを考える。問題点や課題を基に，子どもが計算を学ぶ価値について論じることが大切である。

次に，計算指導の主な内容として挙げられている4つの視点からの考察である。

① 計算の意味

② 計算の仕方

③ 式表現と式に表される関係の考察

④ 計算を日常生活に生かす

加減乗除それぞれの意味の指導，計算の仕方の指導，式の指導，計算の性質の指導等について，「これからの計算指導はどうあるべきか」というポイントが整理されることを期待している。

3．計算について考える子ども

本校算数部OBの正木孝昌先生は，計算について考える子どもを育てることを提唱され，計算指導の価値はそこにあるとおっしゃっていた。その考えに共感する一人として，計算について考える子どもの姿をご紹介する。

4年生の子どもとのわり算の学習である。「72枚の折り紙を3人で等分したら1人分は何枚か」という等分除の問題である。式が72÷3であることを確認した後に，計算の仕方について考えを出し合った。

何人かの子どもたちは，すぐに筆算をしようとした。先行知識をもっていたからだ。そういった子どもたちは，7÷3＝2あまり1，2を下ろして12をつくり，12÷3＝4と計算して，商を24と導いた。この手続きについての説明はできるが，例えば「7÷3＝2あまり1とは，70枚の折り紙を3人で分けて，1人分が20枚で，あまりが10枚あるということ」といった意味の話は出てこなかった。その子どもたちは，形式的な計算の仕方を知っていたのである。

別の子どもたちは，72を60と12に分けるという数の見方をしていた。この授業の前に60÷3の計算をしていたので，既習を活かしたのである。60と12に分ければ60÷3＝20，12÷3＝4と計算でき，20＋4＝24で商は24となる。

この計算の仕方については，具体的に場面に戻って説明をする子どもがいた。「60枚の折り紙を3人で分けて1人分が20枚。残りの12枚の折り紙を3人で分けて1人分が4枚。だから，1人分は20枚と4枚で24枚となります。」といった説明である。そんなとき，次のような考えを発表する子どもが現れた。「72÷3は難しいから，72÷9で考えて答えは8です。」

確かに72÷9＝8とすぐに計算できる。でも，72÷3の商は8ではない。その後にさらに次のような話した。「わる数が大きくなったら，商は小さくなります。わる数を3倍にしたから，商は$\frac{1}{3}$になりますよね。」

（みんなうなずく。）

「わかった！ すごい！」

このような声が教室のあちこちから聞こえた。その後は，別の子どもが説明した。「わる数を3倍にすると商は$\frac{1}{3}$になるから，72÷9＝8の8を3倍すれば72÷3の答えになると思います。8×3＝24だから，72÷3＝24になります。」

$$72 \div 3 = 24$$
$$\downarrow \times 3 \uparrow \times 3$$
$$72 \div 9 = 8$$

本稿で詳しく説明することはできないが，本単元では，研究の一環としてわり算の性質を先に扱っていた。例えば，わる数が2倍になると，商は$\frac{1}{2}$になり，わる数が3倍になると，商は$\frac{1}{3}$になるといった性質である。この性質を活かして商を調整することで，本来求めたい式の答えを導いたのだ。

こんな面白い世界を子どもに味わわせたいと思う。計算技能だけ強調して通り過ぎるのはもったいない。計算指導に強くなるとは，計算について考えることができる子どもを育てることと言い換えてもよいかもしれない。

本書が読者の皆様にとって，計算指導の理論と実践を兼ね備えた宝物の書になることを願っている。

これからの +×Σ÷∏−!±＝
計算指導

▌総論

計算する，計算をつくる，計算をよむ
──数学的活動としての計算の指導

筑波大学人間系　**清水美憲**

1 「せめて計算力だけでも」を超えて

　「資質・能力」論に基づいて改訂された現行学習指導要領では，算数科の数と計算領域の指導内容が，学習場面で働く数学的な見方・考え方に着目する形で大括りに整理された（文部科学省，2017，p.42）。

---

① 数の概念について理解し，その表し方や数の性質について考察すること

② 計算の意味と方法について考察すること

③ 式に表したり式に表されている関係を考察したりすること

④ 数とその計算を日常生活に生かすこと

　このうち計算に直接的な言及があるのは②と④であるが，いうまでもなく４項目全体が相互に関連している。特に，算数科の新しい目標に基づいてこれらの項目を理解する場合，計算の仕組みを理解して新しい世界に計算の範囲を広げたり，他者の計算式から思考過程をよみとったりすることなど，「少し先」も

計算指導の重要項目であるといえる。

　「せめて計算力だけでも」という声に象徴されるように，ともすると基礎的な計算技能を身につけさせて，児童の計算力を着実に向上させる，といった習熟を中心とする計算指導が焦点になりがちである。しかし，上記の通り，「計算」そのものに対する従来の捉え方を広げておく必要がある。特に，新しい教科目標から見ると，「計算」に関連する活動を，数学的活動という観点から広く捉えておくことが必須である。以下では，このような立場から，計算指導で大切にしたい事項を，事例を交えて確認しておきたい。

2 「できるけれどわからない」を超えて

　これまでに実施されてきた内外の学力調査の結果によると，「計算」をめぐる児童の学習状況の実態には，ある特徴がみられる。すなわち，計算技能については一定の定着がみられる反面，その技能を支える数・式・計算に関する理解や計算の意味とその解釈，さらに計算過程についての振り返り等に，学習上の課題があるようにみえるのである。

　このような実態は，R. スケンプのいう「道具的理解」と「関係的理解」の区分に対応させて考えることができる（Skemp, 1976）。前者は，計算手続きを知っていて実行できる状態の理解（「How（いかに）」の理解）に，後者は計算手続きとその意味や妥当性に関して分かっている状態の理解（「How（いかに）」と「Why（なぜ）」の理解）に当たる。「道具的理解」の代表選手は，

「ひっくり返してかける」といわれる分数のわり算である。このような内容では，「できるけれどわからない」という現象がしばしばみられるのである。

令和4年度全国学力・学習状況調査の問題に，「カップケーキの値段を比べる」という場面を用いて，計算（かけ算）の知識・理解や思考・判断・表現に関する児童の実態を明らかにするものがあった。

この設問の小問（1）は，被乗数に空位のある整数の乗法の計算ができるかどうかをみるために「1050×4」の計算を求めるもので，その正答率は92.4%であった。

一方，同じ場面で「値段を見積もったりして，お得に買うことができる方法を考える」文脈の小問（4）では，85×21の計算結果が1470より必ず大きくなることを判断するための数の処理の仕方が問われた。4肢択一式のこの問題の正答率は，34.9%と低く学習指導上の課題が浮き彫りになっている。

正答は，85と21の一位数をそれぞれ切り捨てて十の位までの概数で計算し，積が1470より大きくなることを見積もるものである。これに対し，児童のほぼ半数（49.7%）が選んだ誤答は，85と21をそれぞれ一位数で四捨五入して十の位までの概数にして計算するものであった。誤答の選択肢を選んだ児童は，目的に合わせて概数で計算する方法を選べておらず，四捨五入については，「できる」レベルに留まっているとみられる。

算数科では，「基礎・基本」の重視という立場から，計算力の確実な定着が強調される

ことも多い。その場合，「計算力」を狭く捉え，計算技能についてのドリルや反復練習など，いわゆる「習熟」に偏った指導が行われる傾向がみられる。「資質・能力」論に基づく新しい教育課程では，「計算」の意味を広く捉えて，数学的活動の中での計算の位置を踏まえた指導のあり方を問うべきである。

児童が「道具的理解」と習熟のレベルを超えて，既習の内容を基に新しい範囲で計算の仕方を考えたり，統合的・発展的に考えたりすることができるよう，また計算の意味を多面的に解釈して学習が進むように「計算力」の意味を捉えることが重要である。

3 数学的活動の局面と計算の位置

現在の算数科，数学科の教科目標には，数学的活動を通して学習指導を展開することが明示されている。算数・数学における問題発見・解決の過程の「グルグル」（下図）において，計算はどこに位置づくか。

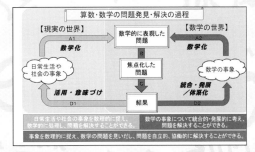

算数・数学における問題発見・解決の過程

この図での計算の居場所はもちろん「C」である。「C」は，算数の舞台に載せられた問題から得られた式を一定の手順で数学的に処理する過程を示しているからである。しかし，計算の居場所は他にもある。

特に，「思考・判断・表現」に関する第2のねらいには，数学的活動のプロセスとしてみれば，「D」にあたるところを読み取ることができる。実際，数と計算領域のねらいには，思考・判断・表現に関して，次のように示されている（文部科学省，2017，p.42）。

> ・数の表し方の仕組みや数量の関係に着目し，計算の仕方を既習の内容を基に考えたり，統合的・発展的に考えたりすることや，数量の関係を言葉，数，式，図などを用いて簡潔に，明瞭に，又は，一般的に表現したり，それらの表現を関連付けて意味を捉えたり，式の意味を読み取ったりすること

さらに，結果や過程を振り返るのは，主として「算数・数学における問題発見・解決の過程」における「D1」や「D2」の局面である。すなわち，日常事象の考察において，「解決過程を振り返り，得られた結果を意味づけたり，活用したりする」局面（D1），及び算数の学習場面について，「解決過程を振り返るなどして概念を形成したり，体系化したりする」局面（D2）である。これらの場所も，計算にとってアウェイではなく，重要なホームである。

このように「計算」を数学的活動として捉え直し，狭義の計算技能の実行に限定せず，計算を支える意味理解や，既習の内容を基に新しい範囲で計算の仕方を考えたり，統合的・発展的に考えたりすることも含めて考えると，次のような指導のあり方が求められることになる。

第一は，正しい計算の実行に加え，計算結果が得られたらその結果を元の場面に戻して点検したり，計算の過程自体を振り返り，その意味を考えたり点検したりする機会の設定を大切することである。

また，式の意味理解についても，問題場面における関係を捉えて式に表現すること，逆に問題場面から立式され，処理（計算）された結果を「読み解く」ことなどを，指導において大切にする必要がある。このような式を用いた数学的な表現力や解釈の力の育成は，これからの指導の重要課題である。

第二は，計算結果の考察と，「その先」の検討に十分時間をかけることである。前述のように，算数科の計算では，その意味を考えることなく結果を形式的に得られるところに特徴があるが，得られた結果を再考することにも教育的な価値がある。

例えば，前述の「カップケーキの値段を比べる」問題の場面のように，計算を構成する数の大小関係からみて計算結果が合理的であるかを点検したり，得られた結果を見直してその意味をより広い文脈で捉え直し，さらに発展的に考察したりする活動が考えられる。このように，数や式について形式的に処理した結果がどのような意味をもつかを，振り返って捉える機会を大切にしたい。

4 計算をつくる，計算をよむ

筆算の計算方法に代表されるように，計算自体は，その都度手続きを考え出さなくてよいようにアルゴリズム化されるため，一度習

得したら「意味を考えずに実行する」という宿命を持っている。しかし，これまで述べてきたように，数学的活動としての計算の指導については，様々な指導場面が考えられる。特に，既習の内容に基づいて，新しい数の範囲で計算をつくったり，計算過程を解釈して性質を見出したりする場面が多くある。「計算をつくる」や「計算をよむ」場面である。

実際，2桁の足し算の筆算の方法に基づいて3桁の足し算の方法を導いたり，等分除の場面と包含除の場面での除法の意味を統合的に捉えたりする場面，整数（自然数）の乗法を手がかりに小数（有理数）の乗法を考える「小数のかけ算」の場面など，数と計算領域には，このような考察の場面が多い。このような場面でも計算力が鍛えられる。

以前本誌で，3位数同士の減法を学習した後に繰り下がりを伴う（4位数）－（3位数）減法について学ぶ3年生の授業において，ある児童が示したこだわりを紹介したことがある（清水，2021）。この授業では，2つの計算を示し，どちらの計算が難しいかを児童に問うことからスタートした。

```
  1 9 9 9          1 0 0 0
-   9 8 0       -     6 2 9
```

2つ目の計算で，ほぼ全ての児童が繰り下がりの計算を行う中，ある児童は，早い段階から，次のような計算を行っていた。

```
  1 0 0 0  - 1        9 9 9
-     6 2 9       -    6 2 9
                      3 7 0
  3 7 0 + 1 = 3 7 1
```

この児童にとっては，1000から1をとって

「999」を作ることが最も簡単な方法であり，以前に学んだ「引き算の決まり」を活用したのであった。楽をして繰り下がりを避ける方法が魅力的だったのである。このような児童の思考過程をよみ取り，10進位取り記数法をより深く理解して学習を深めることも，実は「脇道」や「寄り道」ではなく，大事な学習機会として設定されるものである。

5 狭義の「計算力」を超えて

算数科における計算指導は，「計算力」をどう捉えるかによって，その意図は変わり，教材のとらえ方も変わる。新しい教科目標に基づいて，数学的活動を通して展開される算数化の学習指導では，計算指導の焦点も見直されるべきである。すなわち，焦点は，「機械的な計算をいかに速く正確に実行するか」のみに当たるのではなく，上記のような広い意味での「計算力」を育てることが強調されるべきである。

引用・参考文献

文部科学省（2017）『小学校学習指導要領解説　算数編』．日本文教出版．

国立教育政策研究所教育課程研究センター（2014）『平成26年度全国学力・学習状況調査解説資料　小学校算数』

清水美憲（2021）「『内容』と『資質・能力』の調和によるたくましい算数の学び―銀河超特急999最強説を読み解く―」算数授業研究136，算数授業論究 XIX，4-7．

Skemp, R.（1976）Relational understanding and instrumental understanding. *Mathematics Teaching, 77, December*, 20-26.

これからの
計算指導

+×Σ÷∩−!±=

▌総論

数や式に働きかける力を育てる

夏坂哲志

1 計算を通して，数の見方を豊かにする

　白い石が4個，黒い石が2個あるときに，全部の石の数を求めるために，4＋2＝6と計算する。全部の石を寄せ集めて，「1個，2個……6個」と数えても，全体の個数はわかるのだが，1から数え直さなくても総数がわかる。

　このように，たし算という計算をすることによって，物の個数を効率よく数えることができるようになる。

　4＋2程度の数であれば，そのまま答えを丸暗記してしまうこともできるし，絵を描いて答えを確かめるのもそれほど面倒なことではない。けれども，もう少し数が大きくなると，1から数え直したのでは時間もかかるし，間違いも多くなるので，何か工夫をした方がよいということになる。そこで，それまでに獲得してきた数の見方が働き始める。

　たとえば，8＋6の場合には，「8は，あと2で10になる数だ」という見方が使えそうだ

ということになる。

　あるいは，「8は5と3。6は5と1。それぞれの5と5で10になる。10と4で14だ」というように，8や6，14といった数の見方をそこに使おうとする子も出てくる。

　このように，数の範囲が広がったときに，「この数はどんな数だろうか」「この数をどのように見たら，この計算の答えが求めやすくなるだろうか」のように，その数を，それまでに学習したことや生活の場面と関連づけながら見直すことになる。

　逆の言い方をすると，計算の仕方を考えることを通して，数の見方を膨らませているのである。

　たとえば，48÷3の計算について考える時には，まず「48という数はどういう数だったかなあ」という目で見直してみるとよい。

　4年生でこの計算について考える時点では，次のア〜オのような見方ができるはずである。（式の形で表しているが，「48は10のまとまりが4つと，ばらが8つ（エの場合）」のような言葉で表現されることが多い。）

　ア．48＝12×4＝12＋12＋12＋12

　イ．48＝24×2＝24＋24

　ウ．48＝8×6＝6×8

　エ．48＝10×4＋8

　オ．48＝10×3＋18

　もし，アのように，「48は12が4つ分」と見ることができれば，これを3人で等分することを考えてみる。すると，「はじめに，1人に12ずつ分けた後，残りの12をさらに3等分すればよい」ということになる。

オのように「48を30と18に分ける」見方は，筆算の形式には結びつきやすいかもしれない。しかし，かなり特殊な見方だと言える。それよりも，「48を，3で割り切れる数に分ければ，48÷3の答えが求めやすくなりそうだ」ということに気づくことが大事で，オの見方はその中の1つである。指導する側は，そういう構えで子どものアイディアに耳を傾けたい。

計算の仕方を考える学習は，その過程を通して，数の見方をより豊かにしたり，その見方を使ったりする場面であると捉えることが必要だと考える。

2 まとまりを意識する

先ほど例示した8＋6の計算の場合には，「10のまとまり」が意識されている。「8と2」あるいは「5と5」で10というまとまりができるため，1個ずつ数え直さなくても，すばやく答えを求めることができる。

ところが，48÷3の場合には，「48は10のまとまりが4つとばらが8つ」と見ると，かえってややこしくなる。答えが求められないことはないが，40を1つの区切りとすると，「40÷3＝13あまり1」のようにあまりが出てしまう。

それよりは，ア，イ，オのように，「3で割り切れる数のまとまり」に分けたり，ウのように，「8のまとまりが6つ分」といった切りのよい（長方形に表せるような）見方をしたりする方が，3等分する方法を発想しやすいだろう。

また，1つの数を，「ある数のいくつ分」と見ることによって，同じ仕組みの計算であることに気づくこともできる。

たとえば，次の5つの式。これらが全て同じつくりになっていると気づけたら，計算の捉え方も変わってくる。

カ．$4＋2＝6$

キ．$40＋20＝60$

ク．$0.4＋0.2＝0.6$

ケ．$4億＋2億＝6億$

コ．$\frac{4}{7}＋\frac{2}{7}＝\frac{6}{7}$

どの式も●●●●＋●●＝●●●●●●と表すことができる。この●の1つ分が，キの場合は10であり，コの場合は$\frac{1}{7}$ということである。

上の式はたし算であるが，わり算の場合には次のようになる。

サ．$4÷2＝2$

シ．$40÷20＝2$

ス．$0.4÷0.2＝2$

セ．$4億÷2億＝2$

ソ．$\frac{4}{7}÷\frac{2}{7}＝2$

全て，「●●●●は●●の何倍か（何個含まれるか）」という包含除として捉えると，●1つ分が違うだけで，わられる数とわる数の関係は変わっていないことがわかる。

さらに，$\frac{4}{7}$が「$\frac{1}{7}$の4つ分」に見えてくれば，$\frac{4}{7}÷\frac{2}{7}$は包含除，$\frac{4}{7}÷2$は等分除で考えた方が，それぞれ答えの説明がしやすいと思えるだろう。そして，計算の世界がもう少し親しみやすいものに感じられるかもしれない。

3 分けて計算し，後で足す

4つの演算は全て，答えを求めるときに，「分けて計算し，後で足す」という手順を踏む。かつて，本校OBの坪田耕三先生が，講演でよくお話しされていた。

たし算は位ごとの和を合わせたものが答えとなる。ひき算も，位ごとにひかれる数からひく数を引く。もし，その位の中で引けなければ，上の位から10繰り下げて引く。それぞれの位の差を足したものが答えとなる。

かけ算はどうだろうか。21×34を例に考えてみたい。筆算では，次のようにする。

```
      2 1
   ×  3 4
   ─────────
      8 4   ←21×4＝84
    6 3     ←21×30＝630
   ─────────
    7 1 4
```

21×4と21×30とに分けて計算したものを後で足して答えを求めていることがわかる。

このことを図に表すと，下のようになる。

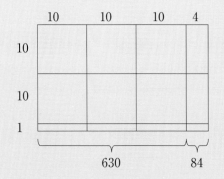

中学校では，文字式で (a＋b)(c＋d)＝ac＋ad＋bc＋bd の式を扱うが，これも図にすると，同じように（右上図）表すことができる。文字を使うと難しく見えるが，4つの長方形の積を足していると見れば，やっていることは小学3年のかけ算と同じことである。

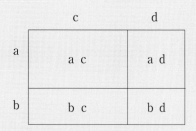

そして，最後にわり算。これは，先ほど48÷3の例でも述べたように，48をいくつかに分け，それぞれを3で割った数を足せば答えが求められる。

先述のア〜オ以外でも，もし，48を33と15に分けたならば，33÷3の商（11）と15÷3の商（5）を足した答え（16）が，48÷3の商となるという具合である。

4 筆算の仕組みを理解する，およその答えを見積もる

筆算形式は教えるものだが，そのアルゴリズムには，子どもが計算の仕方を考えたときのアイデアが生かされている。

左に示した21×34であれば，いきなりその答えを求めるのは無理だが，はじめに「21×10だったらわかるよ」という段階があり，次に，「21×30もわかるよ」「あとは21×4をたせばいいね」というように，「ここまでだったら……」と範囲を少しずつ広げながら考えていく段階があるはずである。それが，「かける数を十の位と一の位に分けて，それぞれ積を求める」「次に，その和を求める」となり，筆算形式につながっていく。

筆算の仕方を覚えてしまうと，機械的にその形式に当てはめてしまうだけで答えが求められる。それが筆算のよさでもあるのだけれ

ど，その弊害として，暗算で求められるような200×3のような計算であっても筆算を使うような子が見受けられる。筆算を使うかどうかを子どもに判断させる場を設定することも必要だろう。

また，自分が今何をしているのかが見えなくなり，計算結果がありえないような数値になってもそのまま答えるような子もいる。「答えはいくつぐらいになるはずだ」とか「一の位はこの数になるはずだ」というような見方や感覚も育てる必要がある。

時には，筆算の仕組みに目を向けるような学習を取り入れることがあってもよい。

たとえば，かけ算であれば1○×□と1□×○の答えを比べてみる。○と□に色々な数を入れて調べてみると，2つの式の答えの差は，○と□の差の10倍になることに気づく。

(例) $12 \times 5 = 60$
$15 \times 2 = 30$ ⎬ $5 - 2 = 3$ 差は30

筆算を比較すると，次のようになる。

$$\begin{array}{r} 1\,2 \\ \times\ 5 \\ \hline 1\,0 \\ 5\,0 \\ \hline 6\,0 \end{array} \qquad \begin{array}{r} 1\,5 \\ \times\ 2 \\ \hline 1\,0 \\ 2\,0 \\ \hline 3\,0 \end{array}$$

これを見ると，部分積の上の段は同じで，下の段で差が生じていることがわかる。このような問題を扱うことが，筆算の途中の計算を見直すきっかけになると考える。

5 きまりを見つける，きまりを使う

たくさんの計算をするうちに，計算には様々なきまりがあることに気づき，それらを

目的に応じて使えるようにしたい。

たとえば，「わり算は，わられる数とわる数に同じ数をかけても，同じ数で割っても答えは変わらない」という「わり算のきまり」がある。これは，同じ答えになるわり算の式を集めたときに，子どもに帰納的に気づいてもらいたいきまりである。

このきまりは，わり算の計算を，自分のわかる形に変えるときに役立つ。

たとえば，5年生で小数の4.8÷1.2の計算の答えの求め方を考えるときに，「小数のわり算はわからないな」「整数のわり算だったらわかるのにな」「整数のわり算に変えることはできないかな」のような心の働きが生まれたときに使えるきまりである。

$4.8\ \div\ 1.2\ =\ 4$
↓×10 ↓×10 ↑答えはそのまま
$48\ \div\ 12\ =\ 4$

5年生でこのような経験をしている子どもたちが，6年生になって分数のわり算について考えるとき，同じように「整数のわり算に変えることはできないかな」「ここでも，わり算のきまりが使えそうだ」と気づき，次のようにきまりを活かそうとすることを期待したい。

$\dfrac{2}{5}\ \div\ \dfrac{3}{4}\ =\ \dfrac{8}{15}$
↓×20 ↓×20 ↑答えはそのまま
$8\ \div\ 15\ =\ \dfrac{8}{15}$

大切なことは，「ここまではわかる」とか「この形に変えたいな」「工夫できないかな」という目で，数や式に働きかけることである。

これからの
計算指導

$+\times\Sigma\div\sqcap-!\pm=$

｜「計算」を学ぶ価値

横浜国立大学　**池田敏和**

1 世界の変化と算数教育

明治期に公布された学制を経て，昭和22年には，現代学校制度の根幹を定める学校教育法が制定された。そして，今，それからさらに75年が経とうとしている。昭和においては，終身雇用制のもと，一つの仕事を最後まで続けることが当然とされており，一つの技術を磨き上げることが常套手段とされてきた。しかし，現代においては，日本を代表するメーカーが次々と没落していき，稼げる可能性が著しく低い分野を捨て，次の分野に移るという迅速かつ果断な意思決定を行っていくこと，不確実な未来に対して次々と手を打っていくことが要求される世の中になってきている。

このような社会において「計算」を学ぶ価値を考えたとき，「計算」に関わるどのような側面がクローズアップされるであろうか。本稿では，「一歩先を予測して行動する」「先人の知恵を享受する」「発展を求めてやまない心」「逆境を逆手に取り，考えを成長させ

る」の4つの視点から述べる。

2 一歩先を予測して行動する
─数学化─

計算という言葉は，数学の中で用いられているだけでなく，数学の中での意味が語源になり，日常生活の中でも使用されている。「多少の失敗は計算に入れている」「計算外」という言葉があるように，日常生活の中では，「結果や成り行きをある程度予測し，それを予定の一部に入れて考えること」を意味して使用されている。

それでは，算数・数学における計算は，どのような意味になるのであろうか。子供たちがイメージする計算は，百マス計算にあるように，与えられた式を計算すること自体に目が向けられていないだろうか。辞書を調べてみると，「計算は，法則を基にした演繹推論を，記号列変形という操作に置き換えたものである」と書いてある。この解釈では，ある推論を推し進める際に，数式等の記号に置き換え，その記号を変形する操作を意味している。記号列を変形する操作だけでなく，その前に「置き換える」という行為が入っている点に注目したい。置き換えられた後の操作だけに着目してしまうと，計算は，機械的な操作に過ぎなくなってしまうわけである。「置き換える」という言葉には，ある問題が生じその解決の見通しを立てるために，その問題を記号列の変形という操作に置き換え，導かれた結果を問題解決のための一つの判断材料にするという目的が内在しているのがわかる。

これは，現実の問題は，計算通りにならないことがあることを前提としながら，それでも，大枠の見通しが立てられるというよさに着目しているわけである。このように計算を捉えると，日常場面で用いる計算という言葉の意味もしっくりと理解されることであろう。

このように考えると，学校教育における算数では，単なる機械的操作ではなく，「結果や成り行きをある程度予測し，それを予定の一部に入れて考えること」が感得できるような学習指導をしていくことが重要となる。この行為は，不確実な未来に対して次々と手を打っていくことに繋がるものである。具体的には，算数の授業で，数学的活動における数学化の局面を大切に指導していくことである。問題場面がどのような式で表現できるのか，あるいは，式で表現されたことがどのような意味になるのかをしっかりと指導していくことが大切である。

3 先人の知恵を享受する
─数のしくみとその活用─

「読み，書き，そろばん」と言われた時代，計算できることは，生活を営んでいく上で必須道具であった。このような道具としての計算は，現代の社会においてもないよりはあった方がよいが，電卓等がある現代においては必ずしも必要とはいえないものである。

しかし，十進位取り記数法に基づいた数のしくみと，それを活用した計算方法は，先人が開発したすばらしい知恵であり，その知恵を知ることは，人類の知恵を継承していくと

ともに，そのよさを感得することで，子供たちが今後の社会において創造的に生きていく上での基盤になるものだといえる。「0」が発見されたことで，数の表現，計算がどのようにうまくできるようになったかを知ることはとても意味のあることである。

筆算指導は，計算結果を得るという道具としての価値としては昔と比べると大きなものではない。しかし，筆算は，十進位取り記数法を上手に活用していることを知ることで，その価値が見えてくる。例えば，たし算の筆算では，十進位取り記数法で数が表現されていることを上手に活用して，位同士がそろうように縦書きでかくことで，どの数とどの数をたせばよいかを明確にしていることがわかる。桁数の多いたし算をしてみることは，このようなよさを感得する上で有効である。また，乗法の筆算においても，十進位取り記数法で数が表現されていることを利用して，位ごとにわけて計算し，後でドッキングして答えを求めるという方法が採用されている。そして，このような筆算の方法は，「どんなときでもできる」という一般化を求めてなされているという点も見逃してはならない。このように考えると，筆算指導では，早く正確にできることよりも，どのようなしくみになっているのか，どのような工夫がなされているのかといった文化的な価値に重きをおくような指導が大切になってくると考える。

さらに，算数・数学を学習していく中で，計算は，その基礎・基本になっていることも忘れてはいけない。数とその計算は，数量化，

「計算」を学ぶ価値

数量の測定の中で活用されると共に，図形の性質，計量においても活用されることになる。さらに，関数，データの活用を学習する上でも，その基になるものである。数とその計算のしくみをしっかりと理解しておくことは，その応用を考える上で欠くことのできない内容である。

4 発展を求めてやまない心 ―「場面に応じた計算の工夫」―

「発展」という言葉は，進歩することを表す日常の言葉である。それゆえ，どの教科指導においても，現状に満足して終りにするのではなく，発展を求めてやまぬ子どもを育てていく必要がある。

計算指導においては，「いつでもできる」ことを目的にした筆算指導に対して，「場面に応じて工夫する」ことがもう一つの目的として位置付けられている。そして，場面に応じて工夫するという態度は，視点を広げると，今後の社会において大切な態度といえる。新しいものを生み出すためには，現状に満足しているのではなく，「何か工夫をすることでもっとよい方法はないだろうか」と自分自身に問いかけることから始まる。そのためには，計算が与えられると何も考えずに筆算でやるのではなく，計算する前にちょっと立ち止まって考えてみることが大切である。「筆算，いや，計算が工夫できるかも」という問いである。「もっといいアイデアがあるはずだ」という信念が新しいことの発見につながっていく。

5 逆境を逆手に取り，考えを成長させる ―計算の意味の拡張―

現代の社会においては，これまで磨いてきた道具が使えなくなり，発想を変えてその道具をさらに進化させて用いていくことが要求されることが多い。そして，問題がこれまで用いてきた道具で解決できないときには，すぐにあきらめてしまうのではなく，状況を多面的・分析的に見ながら，道具を改良することで解決の糸口が見えないかを粘り強く探っていくことが重要となる。このように考えたとき，算数で学習する知識は，最初に教えられた知識が永久に続くものではなく，状況に応じて変換させていくものであることが実感できるような学習が必要となる。そして，そのような学習は，まさに計算の意味の拡張の指導に同調するものである。

整数の加減乗除を含めた計算は，より幅広い問題場面にも活用できるように，適用範囲を広げていく。しかし，何事にも限界はあるもので，適用範囲を広げていく中で，適用できる範囲と適用できない範囲を明確にしていく必要がある。適用範囲を明確にすること自体が一つの進歩ではあるが，ここで考えることを止めずに，さらなる可能性を考えていくことが奨励される。それは，「適用できない範囲にも適用できるようにできないか」という問いかけにより始まる。これまでの知識を別の新たな視点から捉え直すことが要求されるわけである。

計算の意味の拡張の指導は，算数の学習の節目節目でなされることになるが，その節目となる指導を大切にしていくと共に，長期的

なスパンでのスパイラル学習により，どのように拡張してきたのかを振り返る学習を位置づけていきたい。

かけ算を例として取り上げ説明していこう。まずは，かけ算は，同数累加によりたし算によって表現される。「みかんが1さらに4こずつ，5さら分あります。みかんはぜんぶでなん個あるでしょう」といった問題で，何回たすかが乗数で表現されている点が特徴である。次に，乗数がいくつ分で考えられない場合に遭遇することで，小数倍の考え，すなわち，1量における一つ分の何倍という見方へと拡張される。「白のテープは赤のテープの2.4倍です。赤のテープが5mのとき，白のテープは何mでしょう。」といった問題で，立式すると5×2.4になる。長さという一量だけが取り扱われており，比例関係を前提にする必要はない。乗数は量と量との間に生まれる目に見えない数（割合）である。さらに，2量の関係に着目しなければならない場面に遭遇することで，2量の間の比例を前提とした一つ分の何倍（割合）という見方が引き出される。りぼんの問題「りぼんのねだんは，1m当たり80円です。2.4mでは，何円になるか求めましょう」にあるように，りぼんの長さと値段の比例関係を前提にすることで，かけ算で考えることができることがわかる。りぼんが1mから2.4mになるには2.4倍する必要があるので，値段も80円の2.4倍になり，80×2.4という式になる。80を1としたときの2.4倍（割合）を意味している。ここでの（量）×（割合）というかけ算は，数学では，ベクトルのスカラー倍に対応する考えとして解釈することができる。最後に，何倍の何倍といった場面に遭遇することで，かけ算の意味がさらに拡張される。「赤のテープを1.5倍すると白のテープになり，白のテープを2.4倍すると青のテープになる。青のテープは赤のテープの何倍でしょう」といった問題を取り扱うことになる。これを式でかくと1.5×2.4になり，被乗数，乗数が共に割合となる。一つ分が省略された形で，一つ分を1とみると，1×1.5×2.4と表現できる。この（割合）×（割合）というかけ算は，数学では2項演算の考えとして解釈できる。

このように，計算の意味を拡張することで，既に学習した具体的な場面での意味を特殊として包み込みながら，適用範囲を広げていっていることがわかる。この考え方は，適用できないという逆境を逆手に取り，新たな考えへの発見に繋げていこうという考えである。

6 終わりに

「文明」だけが進歩しても，人間の営みが「文化」として深まっていかなければ意味がない。ここでいう文明とは，科学的・技術的な進展を意味しており，文化とは，文明の進歩を通して，人間の心が豊かになっていくことを意味している。計算を学ぶことを通して，子供たちがお互いを理解し，励まし合って学んでいけるようなクラスづくりが根底になければならない。今が充実していると感じると共に，未来に希望を描けるような算数教育を目指していきたい。

これからの $+ \times \Sigma \div \Pi - ! \pm =$
計算指導

全国学力・学習状況調査の
結果から見た計算指導の問題点

国立教育政策研究所　教育課程研究センター研究開発部

笠井健一

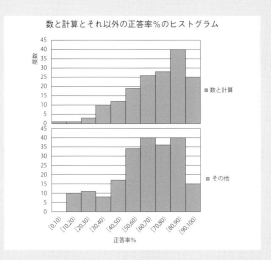

数と計算とそれ以外の正答率%のヒストグラム

1 計算指導の全体的な傾向

　平成19年度から令和4年度まで，これまで2回実施できなかったが16年続いている全国学力・学習状況調査の小学校算数の小問は，全部で424問ある（注1）。そのうち実際に実施した小問数は376問で，その平均正答率は66.5%である。

　このうち，「数と計算」領域の小問は全部で181問あり，実際に実施した小問は165問である（注2）。ここで，「数と計算」の165問の平均正答率70.0%で，その他の211問の平均正答率63.8%である。

　箱ひげ図を見ると，数と計算はその他と比べて全体として正答率が高いところに分布していることが分かる。また，ヒストグラムを見ると，90%以上が多く，30%以下が少ないことが分かる。

　次に「数と計算」領域の問題の中では，どういう状況なのかをくわしく見てみる。そこで令和2年までの問題について，「数と計算」領域の問題を当時の評価の観点別（「数量や図形についての知識・理解」（以下「知識」44問），「数量や図形についての技能」（以下「技能」76問），「数学的な考え方」（以下「思考」46問））で分析する。

　その結果が以下のグラフ（箱ひげ図とヒストグラム）である。

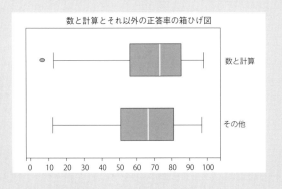

数と計算とそれ以外の正答率の箱ひげ図

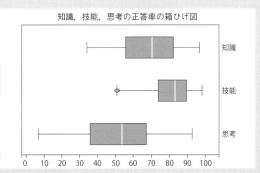

知識，技能，思考の正答率の箱ひげ図

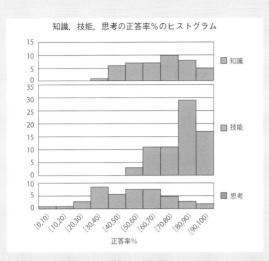

知識，技能，思考の正答率％のヒストグラム

正答率％

「技能」の観点の問題の平均正答率は81.5％，「知識・理解」は68.7％，「思考」は53.0％で，箱ひげ図を見ると，これらの問題の分布がはっきりと分かれていることが見て取れる。また，ヒストグラムを見ると平均正答率が80％を超える問題はほぼ「技能」の問題である。

② 計算の内容ごとの問題点とその改善

計算の学習では，計算の意味の理解，計算の仕方の思考，計算の技能の習熟の３つがポイントである。

（1）計算の技能の習熟

計算の技能については，先のグラフが示すように習熟されていると考えられる。その中で正答率が低いのは，次の問題である。

○6＋0.5×2（H19 69.1％ H29 66.8％）
○4.6－0.21（H24 63.5％）
○6.79－0.8（H27 69.7％）
○5÷9の商を分数で表す（H29 69.4％）

加法と乗法の混合した整数と小数の計算や末尾の位のそろっていない小数の減法の計算などが課題である。

これらに共通する課題は，既習の学びからの学び直しが十分にされていないことだと考えられる。

１年生のとき，３口の加法や減法の計算では，式を計算するときは，基本的に前から計算すると学んできていた。9－3＋2＝6＋2＝8であって，断じて9－3＋2＝9－5＝4ではない。その後加法の結合法則などを学習する際，（　）があれば先に計算するが，ない場合は前から順に計算することを学ぶ。そして４年生で初めて，式の中に乗法や除法がある場合は，（　）がなくても先に計算することを学ぶ。つまり４年生で，先に学習したことの学び直しが不十分であることが問題なのだ。

小数の加法や減法の計算も同様である。整数の加法や減法の筆算では，位を揃えて計算すると学習してきている。このとき３位数と２位数の加法などは，ともすると子供たちは，右側を揃えて筆算を書くと捉えてしまっていることがある。整数の計算ならばそのように捉えていても問題なく計算できるが，小数のこのような問題では間違いになる。子供たちが筆算の仕方の意味を理解していない，もしくは忘れてしまっていることが問題なのだ。

わり算の商を分数で表すことも同じである。３年生でわり算を学習した際，式はいつでも「大きい数÷小さい数」だった。わり算の場面が「みかん12個を３人で分けます」もしくは「12個を３個ずつ分けます」のように分離量で表されている場合は，このように考えたとしても間違った式にならない。「5 L を９等分する」「5 m は 9 m の何倍か」など，

全国学力・学習状況調査の結果から見た計算指導の問題点

わり算を用いる場面が拡張して，連続量をわる場合であったり，小数で表された倍を求める計算になって初めて，わり算でも「小さい数÷大きい数」と立式して計算することが出てくる。つまり3年生のときのわり算の意味しか理解されていないことが問題なのだ。子供たちのわり算の意味についてのアップデートが必要なのだ。

(2) 計算の意味の理解

知識・理解の問題では，計算の意味の理解の問題が課題である。例えば次の問題である。

○210×0.6の式で答えが求められる問題を選ぶ（H19 54.3%）

○答えが12÷0.8の式で求められる問題を選ぶ（H30 40.1%）

○120cmの赤いテープの長さが白いテープの長さの0.6倍に当たるとき，白いテープの長さを求める式を書く（H24 41.3%）

○8mの重さが4kgの棒の1mの重さを求める式と答えを書く（H22 54.1%）

○示された図を基に，青いテープの長さが白いテープの長さ（80cm）の0.4倍に当たるときの青いテープの長さを求める式を選ぶ（H26 54.3%）

これらの問題は，小数のかけ算とわり算の式の意味理解に関わる問題である。特に，「小数倍を用いた問題場面における式」に課題がある。

先ほどの5÷9の計算のところでも述べたが，整数のかけ算やわり算の式の意味では，小数のかけ算やわり算の式の意味がそのままでは説明がつかないことが多いので，かけ算やわ

り算の意味を4年や5年で拡張している。その拡張されたかけ算やわり算の意味の理解が，子供たちにアップデートされていないことが問題である。

もう一つ課題があると思っている。それは文章問題でよく行われている指導法についてである。例えば，平成24年の次の問題文を基に考えよう。

> 赤いテープの長さは120cmです。
> 赤いテープの長さは，白いテープの長さの0.6倍です。
> （白いテープの長さを求めましょう。）

授業でこのような文章を板書した後，多くの先生方は次のように発問することが多い。「分かっていることは何ですか。聞かれていることは何ですか」である。このとき，分かっていることとして「120cm」「0.6倍」に線を引き，聞かれていることとして，「白いテープの長さ」に線を引く子供がいる。こういう子供に対する指導がなされていないことが問題なのだ。

120cmとは何なのか，基にする大きさなのか，倍に当たる大きさなのか，120cmにだけ線を引いたとしても分からない。

文章問題で式を立てるときに大切なことは，「問題場面の数量の関係に着目すること」である。とすると，この文章問題で，問題場面の数量の関係を的確に表している文を一文抜き出すことが大切なこととなる。この場合は「赤いテープの長さは，白いテープの長さの0.6倍です」である。

この文章を言い換えると「白いテープの長

さの0.6倍が赤いテープの長さ」ということが分かる。このことから，次の言葉の式を立てることができる。（白いテープの長さ）×0.6＝（赤いテープの長さ）

ここで白いテープの長さは，求めている数量なので□で表し，赤いテープの長さは120cmと書いていることから，□×0.6＝120という式が立てられる。

さらに「白いテープの長さの0.6倍」という部分から，白いテープの長さが基にする量（基準量）であることもが分かる。「赤いテープの長さは，0.6倍」という部分から，赤いテープの長さが倍に当たる大きさ（比較量）であることも分かる。このことを指導する必要がある。

先日ある小学校で「男子が21人います。男子は女子より6人少ないそうです。女子は何人ですか」という問題に対して，2年生の子供たちが21＋6なのか21－6なのか話し合っていた。「少ない」という言葉のみに着目すると21－6のように思えるが，実はそうではない。問題場面の数量の関係をとらえた「男子は女子より6人少ないそうです」に着目することが大切なのである。

文章問題で式を立てる際，「問題場面の数量の関係を表す文に着目する」ことは，かけ算やわり算だけでなく，全ての文章問題を解くときに大切なことである。先生方がこのことを理解し，子供たちに指導してもらいたい。

（3）計算の仕方の思考

「思考」の問題については，日常生活の問題場面で，数量が幾つも出てきて，それらの関係を読み解きながら式に表す問題や，問題場面を実際に表した式を読んで，式の中の演算や数の意味を考える問題などがある。これらは課題である。

一方，計算については，平成30年の大問3のように，計算の仕方を考える問題もある。

（1）示された減法に関して成り立つ性質を基にした計算の仕方を解釈し，適用することができる（81.9%）

（2）示された計算の仕方を解釈し，減法の場合を基に，除法に関して成り立つ性質を記述できる（31.3%）

（3）示された計算の仕方を解釈し，かける数や割る数を選び，計算しやすい式にして計算できる（75.0%）

このように，計算の性質を基にした計算の仕方についての思考の問題については，実際に計算することはできるが，抽象的な言葉でまとめることは課題である。

（注1）国立教育政策研究所のホームページにある教育課程研究センター「全国学力・学習状況調査」の結果を基に分析。
https://www.nier.go.jp/kaihatsu/zenkokugakuryoku.html

（注2）問題の領域が，「数と計算」だけでなく他の領域と両方が記載されているものも，今回の分析では「数と計算」の領域の問題として位置づけている。また，当時は四則混合計算の問題は「数量関係」領域に位置づけられていたが，現行の指導要領では，「数と計算」の領域に位置づけられたので，今回の分析では「数と計算」領域の問題としている。

これからの計算指導

+×Σ÷∏−!±=

福岡教育大学　教授　**清水紀宏**

加法と減法の意味の学習指導

1 加法や減法の意味

小学校学習指導要領（平成29年告示）解説（以下，『解説』と略記）において，例えば加法の意味については，「加法は二つの集合を合わせて新しい集合を作ったときの要素を求めるものであり，また，加法が用いられる場面には，合併，増加，順序数を含む加法などがある。」（p.45）とあり，集合といった数学的な捉え方と，加法が用いられる場面について解説されている。

2 加法や減法の場面の分類

加法や減法は様々な場面で用いられる。Vergnaud（1982）（以下，文献の年号は略）は加法や減法の場面を6つのカテゴリI～VIに分類し，計算の対象となる数量を□，変化や大小の関係を表す数量を○，2量の関係を矢印（→）や括弧（〔）などを使って図表示している。以下ではこの分類について紹介する（図は Vergnaud を基に筆者が作成）。

カテゴリI：合成（composition）

2つの数量（部分）を合わせて1つの数量（全体）に合成（composition）する場面である。

場面

Aはグミを3個，Bはグミを5個持っている。合わせると8個になる。

この場面を右のような図で表す。

この場面から「2つの部分がわかっていて全体を問う問題」と「全体と一方の部分がわかっていて，残りの部分を問う問題」ができる。

I①　Aはグミを3個，Bはグミを5個持っている。合わせるとグミは何個か。

I②　Aはグミを3個持っている。AとBは合わせてグミを8個持っている。Bは何個持っているか。

I②で，Aの個数が既知でBの個数を求める場合も，逆の場合も本質的に同じ問題なので，2つのタイプの問題ができる。I①が『解説』p.84の「①（い）合併」にあたる。以下，『解説』p.84の例示との対応は記さないが，興味のある読者は検討して頂きたい。

カテゴリII：変換（state-transformation-state）[STS]

初めの状態（S）が，増減の変換（T）により後の状態（S）に変化する場面である。

場面：Aはグミを3個持っている。5個もらったので8個になった。

変換には増加と減少があり，後の状態

（S）が未知の場合，変換（T）が未知の場合，初めの状態（S）が未知の場合のそれぞれを問うことで，6つのタイプの問題ができる。

※増加する場面の問題

Ⅱ①　Aはグミを3個持っていた。5個もらった。何個になったか。

$3 \xrightarrow{+5} ?$

Ⅱ②　Aはグミを3個持っていた。何個かもらったので8個になった。何個もらったか。

$3 \xrightarrow{?} 8$

Ⅱ③　Aはグミを何個か持っていた。5個もらったので8個になった。何個持っていたか。

$? \xrightarrow{+5} 8$

※減少する場面の問題

Ⅱ④　Aはグミを8個持っていた。5個あげた。何個になったか。

$8 \xrightarrow{-5} ?$

Ⅱ⑤　Aはグミを8個持っていた。何個かあげたら3個になった。何個あげたか。

$8 \xrightarrow{?} 3$

Ⅱ⑥　Aはグミを何個か持っていた。5個あげたら3個になった。何個持っていたか。

$? \xrightarrow{-5} 3$

カテゴリⅢ：静的な関係（state-relationship-state）[SRS]

カテゴリⅡが，ある状態が動的に変化し別の状態となる場面であるのに対して，カテゴリⅢは2つの数量が静的に関連しており，それらを比較するという場面である。

場面：Aはグミを8個持っている。Bはグミを3個持っている。AはBよりグミを5個多く持っている。

基準となる数量の方が小さい場合と大きい場合があり，6つのタイプの問題ができる。

※基準となる数量の方が小さい場面の問題

Ⅲ①　Bはグミを3個持っている。AはグミをBよりも5個多く持っている。Aはグミを何個持っているか。

A ? ↑ (+5) B 3

Ⅲ②　Aはグミを8個持っている。Bはグミを3個持っている。AはBよりグミを何個多く持っているか。

A 8 ↑ (?) B 3

Ⅲ③　Aはグミを8個持っている。AはグミをBよりも5個多く持っている。Bはグミを何個持っているか。

A 8 ↑ (+5) B ?

※基準となる数量の方が大きい場面の問題

図だけ示すので，具体的に検討されたい。

Ⅲ④　　　　　Ⅲ⑤　　　　　Ⅲ⑥

以上の3つカテゴリの14種類の問題が先行研究で比較的よく検討されている。参考までに残りの3つのカテゴリも紹介しておく。

カテゴリⅣ：2つの変換の合成（transformation-transformation-transformation）[TTT]

場面：Aさんはカードを何枚か持っていた。Bさんから8枚もらい，その後Cさんに3枚あげた。最初から5枚増えた。

計算の対象となる数量が与えられておらず，2つの変換とそれらを合成した変換という3

つの変換の関係という場面である（8枚持っていて3枚減った場面ではないことに注意せよ）。

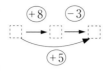

カテゴリⅤ：2つの静的な関係の変換（relaton-ship-transformation-relationship）[RTR]

場面：AはBから本を8冊借りていた。そのうち5冊を返した。その結果，AはまだBから3冊借りている。

AやBが持っている本の数ではなく，AとBの貸し借りの関係が変化するという場面である。

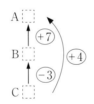

カテゴリⅥ：2つの静的な関係の合成（relaton-ship-relatonship-relationship）[RRR]

場面：AはBよりもグミを7個多く持っている。BはCよりもグミを3個少なく持っている。このとき，AはCよりもグミを4個多く持っている。

AとBのグミの個数の大小関係とBとCのグミの個数の大小関係が関係づけられている場面である。

3 加法，減法の意味の指導

3つのカテゴリ（合成，変換（変化），静的な関係（比較））の視点から指導を考える。

（1）求差の意味の指導の充実

求差（Ⅲ②）と先に学習する変化（Ⅱ④）との関連付けを丁寧に扱いたい。減る変化の場面の操作的活動では，「8個のブロックが最初にあり，そこから5個取り去ると3個残ること」を8－5＝3と表現する。これに対して，比較の場面では「8個のブロックと5個のブロックが最初にあり，どちらが何個多いか」を考える。この場面に初めて出会ったときに，比較の操作とその結果を8－5＝3と表すわけにはいかない。8個と5個のブロックの1対1対応を行い，残った個数が求めたい「3個」であることを振り返り，8個のブロックから，1対1対応すべき5個のブロックを取り去ればよいことを確認する。このことから，この場面でも変化の場面で使っていた8－5＝3という式で表してもよいことを納得させたい。第3学年の等分除，包含除の指導でも同じ事情がある。

（2）加法や減法の意味に基づく計算の考察

平成29年全国学力・学習状況調査のB問題 1 では，$53-35=18=9×2=9×(5-3)$ というよく知られた素材が扱われ，この仕組みが比較（求差）の考えを用いて考察されている。平成31年 3 では，$350-97$（繰り下がりあり）を$353-100$（繰り下がりなし）に帰着することが問われている。ここで用いている「引き算について成り立つ性質」"$a-b=(a±c)-(b±c)$"は比較（求差）の考えで意味づけられる。他方，$350-97=350-97-3+3=350-100+3=253$という計算の工夫は，変化の場面による意味づけが適している。

このように，計算の工夫や仕組みについて，加法や減法の場面を基に考察したい。

（3）比較の場面における基にする量の意識化

2量を倍の関係で把握する場合，どちらを基にする量とみなすかでその表現が異なる。（72と18の場合，18を基にすると「72は18の

4倍」，72を基にすると「18は72の0.25倍」。市川他（2022）を参照のこと）。

ここで，比較の場面「18は72よりどれだけ小さいか」を考える。これは72と18の差を考えることで解決されるが，72−18＝54は，比較という観点からは18を基にすると「72が18より54大きい」こと（R1）を意味する。このことと「18は72より54小さい」こと（R2）が表裏一体であることをテープ図の表現などを使って確実に理解させたい。このことは，比較ではどちらかの数量を基にしていることの理解に関わっている。

（4）イメージを助ける表現の選択と活用

合成，変化，比較という3つの場面それぞれの特徴に応じた図的表現や操作的表現を選択し，学習指導で活用する必要がある。

例えば，Ⅱ②，Ⅱ③のタイプの文章題では「増える」という言葉があっても演算は減法となり，Ⅱ⑥ではその逆のことが起こる。比較でも「多い」という言葉があるのに減法を用いることがある。これらの問題は子供にとって難しく，第2学年でテープ図などを用いた場面のイメージ化が図られる。

比較の場面では，比較対象の2つの数量を2本のテープ図で表すときに，既知の量であっても，未知の量であっても大きい方の数量を長いテープに位置づけることを丁寧に扱いたい。

合成や変化の場面をテープ図で表す場合，場面の数量が全体にあたるのか，部分にあたるのかを読み取る必要がある。図が場面の理解を促すという機能もあるが，場面の読み取りができないと図に正しく表すことができないという面があることに注意が必要である。

また，図は本来静的なものなので，時系列を伴う変化の場面を表現するには不向きともいえる。「変化の場面をテープ図に表す」教科書の紙面で，「みんなで」や「ぜんぶで」という言葉を適宜補っているのは，全体を意識づけるための配慮でもあろう。

変化の場面の時系列のイメージ化に向く表現として，Vergnaudのような矢印を用いた図を使うことが考えられてもよい。実際，倍の関係の指導では矢印を伴う関係図が使われることもある。第3学年では，未知の数量として□を使った等式による表現を扱い，変化の場面を時系列に即して表現することを学習する。第2学年のテープ図，第3学年の□を用いた等式，矢印を含む関係図などを適宜関連付けながら，加法や減法の場面をより明確にイメージさせたい。

【文献】

市川啓・高橋丈夫・青山尚司・加固希支男（2022）．算数教材研究　割合．東洋館出版社．
文部科学省（2018）．小学校学習指導要領（平成29年告示）解説算数編．日本文教出版社．
Vergnaud, G. (1982). A classification of cognitive tasks and operations of thought involved in addition and subtraction problems. In T.P. Carpenter et al. (Eds.) *Addition and subtraction: A cognitive perspective* (pp.39-59). LEA.

かけ算の意味指導

比例的推論を視点として

宇都宮大学　日野圭子

1 はじめに

　かけ算は，小学校で学ぶ四則演算の1つであり，その重要性は言うまでもない。それに加えて，乗法という数学的構造は，かけ算のみならず，算数の様々な学習内容に密接に関わっている。その中には，小学校上学年で学習する小数・分数の概念や計算，割合，単位量当たりの大きさ，拡大図・縮図など，児童にとって理解の難しい内容も含まれる。

　児童の困難の原因を簡単には断定できないが，これらの内容の背後には，比例関係が横たわっている。比例関係を捉えたり，扱ったりすることに関する児童の資質・能力に関しても，課題があることが推察される。

　杉山（2012）は，「かけ算は，最終的には『比例する2量の一方から他方を知る計算』と見ることができる。もう少し丁寧に言えば『yがxに比例するとき，比例定数kを知って，kとxからyを求める計算が$k \times x$である』と言える」（p.5）と述べる。このように，かけ算と比例関係は切り離すことができない。

　これらを鑑み，本稿では，数量間の比例関係に基づいて数量や関係を見出したり，分析したり，正当化したりする「比例的推論」を視点として，かけ算の意味指導を見ていく。

2 乗法の数学的構造におけるかけ算

　冒頭で触れたように，整数の乗法，除法は，分数，測定，比，割合といった内容と絡み合っている。これらによって形成されるネットワークは「乗法的概念フィールド」と呼ばれ（Vergnaud, 1994），比例を中核とする幾つかの主要カテゴリーが示されている。その中の1つである「シンプルな比例」のカテゴリーは，乗除の最初の意味に関わっている。

　シンプルな比例のカテゴリーは，以下の図が示すようにM1とM2という2つの測度空間において，4つの大きさのうち3つが分かっているときに残りの1つを求める問題群である。乗法と除法は，どれも$a = 1$の場合であり，乗法はdを，等分除はbを，包含除はcを求めることに相当する。

M1	M2
a	b
c	d

　このように乗法と除法は，乗法的概念フィールドでは同じ構造に位置づいている。

　また，シンプルな比例のカテゴリーでは，答えを見出す上で2つの操作を区別でき，そこでは異なるタイプの比が使われる。以下の図は「飴4個あたりの値段が120円のとき，その飴24個ではいくらか」という問題を例に，

Scalar ratios　　　　　　　Functional rates

2つのタイプの比を示したものである。1つは Scalar ratios であり，「飴の数が6倍になると値段も6倍になる」という2量の比例関係における比（無名数）を指している。もう1つは Functional rates であり，飴の数 x と値段 y の関数関係を $y=30x$ と表したときの比例定数30（2量の比率を意味する）を指す。これらの比を使った操作は，それぞれ within 方略・between 方略などとも呼ばれ，比例的推論における重要な思考操作となっている。

　このように，かけ算の問題はいかにシンプルであっても，4つの数を含む。しかし，「1皿に5個ずつ置かれたみかんの4皿分の個数」を5×4＝20と考える児童が注意を向けているのは，「5」「4」「20」の3つの数値である。4つ目の数である「1皿」の「1」は隠れた数とも言える。かけ算の問題では「1」は問題文に書かれ，与えられているため，児童が意識することは難しい。この点は，これまでも指摘がされており，小学校上学年を中心に，例えば，リボン1mの値段を示すのではなく，2mの値段を示すなど，敢えて1を使わないことで比例関係を顕在化し，意味の理解と思考力の両面を向上させる試みがなされている（例：田端，2008）。

　次節では，比例的推論の力の育成に向けて，小学校下学年でどんな点に注意を向けることができるかを考えてみたい。

③ 比例的推論の基礎を形成するかけ算の意味指導

（1）Scalar ratios を使う力を育てる

　比例的推論では，比例関係にある伴って変わる2量について問題解決が行われる。そのための基礎として，Scalar ratios を使う力を付けていくことが大切である。すなわち，ある量を基準として，その幾つ分がもう1つの量になるかという見方・考え方を育てることである。これは，乗法的思考や相対的思考とも呼ばれる。学習指導要領解説では，（一つ分の大きさ）×（幾つ分）＝（幾つ分に当たる大きさ）という乗法の捉え方，それに関わって，幾つ分を何倍とみて一つ分の大きさの何倍かに当たる大きさを求める意味の指導の必要性が述べられている。Scalar ratios を使う力は，こうした意味を支えている。

　乗法的思考は，加法的思考とは本質的な違いがある。加法的思考では，1対1の対応によって数を作っていくが，乗法的思考では，多対1（1対多）の対応によって数を作り出していく（例：Tzur et al, 2021）。Tzur らは，かけ算の問題に対する児童の思考過程を分析し，乗法的思考を見出している。例えば「アレックスはそれぞれのタワーを3つのブロックで作りました。6つのタワーを作るのに，全部でいくつのブロックを使いますか」に対して，A児は，左手で4つの指を1本ずつ立てながら，「3，6，9，12。待って……15」と言い，その後，右手の指を1本立て（6番目のタワーを表している），「16，17……うん，待って，18」と言った。ここでは，

かけ算の意味指導

「タワー毎のブロック数」と「タワーの数」を3対1の対応を使って同時に数え上げ（ダブルカウンティング），3のまとまりを6のまとまりに分配していることから，乗法的思考が見られると言う。一方，B児は類似の問題に対して，4＋4＝8，8＋4＝12までとかくと，13，14，15，16と指を1本ずつ立てて数えて12＋4＝16の式を作り，そのような数え方を24＋4＝28に到達するまで続けた。ここでは1を操作し続けており，4のまとまりは作り出していないことから，1対1の対応に留まり加法的であると解釈されている。

A児にみられたダブルカウンティングでは，タワーの数は3のまとまりが使われる回数として，当該児童に意識されている。指で示されている1，2，……6という数の重要性については，市川（2018）も指摘をしている。市川は，「数えたい対象とは異なる，数えたい対象と対応関係がある数の系列」と呼び，倍概念の進展における重要性を指摘する。「数の系列」を児童が示したり，使ったりすることを奨励することが大切である。更にTzurらは，同論文で，たし算や引き算において「10のまとまり」を作ったり使ったりする力が，乗法的思考に密接に関係することを示している。改めて注意を向けたいところである。

（2）Functional rates を使う力につながる経験を提供する

Functional rates は伴って変わる2量の関数関係に関わるため，下学年ではハードルが高いとも考えられる。しかし，問題場面や数値を工夫することによって，乗法が学ばれる

第2学年などでも，このタイプの比を使う場を提供することは可能であると考える。

加藤（2021）は，第2学年において，かけ算の数量関係を見出す活動を取り入れる学習指導を提案している。雪だるまを作るという場面では，雪だるま1個に対して帽子を1つ，ボタンを3つ付けるなどの条件が設定された。この条件の下で雪だるまを5個作るとき，帽子は5つ必要になる。雪だるまの数と帽子の数が同じになるのは，両者が1対1に対応しているためである。一方，ボタンの数は，雪だるまの数と1対3の対応であるため，3倍の数が必要になる。この問題では，隠れた4つ目の数である「1」を意識しながら乗法を用いて問題解決することが可能となっている。

「雪だるま1個に対してボタン3つ」のように，2量を対にして1つのユニットとする（以下では，組み立てユニットと呼ぶ）ことで，2量が扱えるようになる。組み立てユニットを作り，2量を同時に繰り返して，求めたい数値を作る（ボタンは3＋3＋3＋3＋3や3×5で求められる）ことは Scalar ratios に，丸を5つ並べて書いて「雪だるま5個なら，1個にボタン3つだから，ボタンは5×3になる」と言う児童の考えは Functional rates につながると考えられる。

このように，組み立てユニットを用いて，M1だけでなくM2を導入し，2量に関する推論を促す試みは，第1学年でも行われている。以下に挙げるのは，Vysotskaya et al.（2021）が使った問題例である。児童は友達と共同で，図を描きながら，組み立てユニッ

トを構成したり使ったりして，問題解決を行っていたことが示されている。

> ニックは友達にプレゼントを準備しています。各袋に2個のナッツと3個のスイーツを入れます。
> （1） ニックは18個のナッツと18個のスイーツを持っています。いくつのプレゼントを作れますか。
> （2） 12個のスイーツを使おうと思います。ナッツはいくつ要りますか。また，プレゼントはいくつできますか。

　また，市川・成澤（2021）は，第2学年のかけ算の導入において，異種の2量（本数と値段）を取り入れた実践を行った。お店の人になったつもりで飲み物を買いに来たお客に代金を伝える場面を設定し，飲み物の本数と値段の関数的関係に子どもの注意が向くようにしている．商品として提示したのは，スポーツドリンク，コーラ，お茶などであり，それぞれの値段を130円にした。そして，①お茶とコーラの代金を求める，②お茶とオレンジジュースとコーラの代金を求める，③スポーツドリンク2本とお茶の代金を求める，……，のように問題を配列していった。児童は，問題ごとに計算するのではなく，既に分かっている本数と値段を足し合わせて値段を求めていった。そして，一連の問題解決の中で，飲み物の種類は違っても，1本の値段がすべて等しいこと，本数が決まれば値段が決まることに気づいていった。児童の学習感想にも，「何本かわかれば代金がわかる」「私が今日いちばん考えたことは，同じジュースではなくても，数が同じだったら代金は一緒ということです」という記述が見られた。更に，実際の店で見られた代金表を示す中で，その店の飲み物の値段には130円と160円の2種類があることを読み取り，ある飲み物をお客が

示したときに，それが130円か160円かを確認することが必要であることに気づいた児童もいたという。そこでは，本数と代金を関係づける単価の存在（$f(x) = 130 \times x$ の130）が意識されていると考えられる。

4 おわりに

　本稿では，比例的推論を視点に，かけ算の意味指導について考えた。かけ算の意味の理解は，比例関係を捉えたり，使ったりして問題解決をする資質・能力と密接に関わっている。そして，その資質・能力は，比例という用語が導入される以前から，様々な学習内容の中で育てることが可能であると考える。

【引用・参考文献】
市川啓（2018）．倍概念の進展を促す指導．初等教育資料，No. 966, 86-89.
市川啓・成澤結香里（2021）．比例的推論の進展を意図した乗法の導入の授業開発．日本数学教育学会第9回春期研究大会論文集，93-100.
加藤久恵（2021）．低学年における幼児教育と関連した資質・能力ベースの単元をいかに設計するか．新しい算数研究，No. 611, 16-19.
杉山吉茂（2012）．かけ算の意味．算数授業研究，Vo. 80, 4-7.
田端輝彦（2008）．整数の乗法における比例関係の顕在化に関する授業の考察．第41回数学教育論文発表会論文集，339-344.
Tzur, R., Johnson, H. L., Norton, A., Davis, A., Wang, X., Ferrara, M., Harrington, C., & Hodkowski, N. M. (2021). Children's spontaneous additive strategy relates to multiplicative reasoning. *Cognition and Instruction, 39*(4), 451-47.
Vergnaud, G. (1994). Multiplicative conceptual field: What and why? In G. Harel & F. Confrey (Eds.), *The development of multiplicative reasoning in the learning of mathematics* (pp. 41-59). Albany: State University of New York Press.
Vysotskaya, E., & Lobanova, A., Rekhtman, I., & Yanishevskaya, M. (2021). The challenge of proportion: does it require rethinking of the measurement paradigm? *Educational Studies in Mathematics, 106*, 429-446.

わり算の意味指導

除法の意味を利用する状況で考えてみる

東京学芸大学　中村光一

1 除法の意味を考えるために

数学の概念についての理解は，概念を利用し，様々な他の概念とのかかわりを考えることで深まる。また，数学の概念は抽象的であるため，小学校では特に具体的な表現や操作を通して抽象化を図り理解を深めることが重要である。

除法の意味について考えるために，計算を利用するときや，他の領域の内容とのかかわりを考えてみよう。

2 除法の意味

（1）導入時の除法の意味，そして測定とのかかわり

除法は 3 年生で，2 つの意味，一つ分を求める等分除といくつ分を求める包含除として，導入される。2 年生で，乗法が（一つ分）×（いくつ分）として導入されるためである。等分除の問題は「12個のあめを 3 人で分けます。一人分は何個でしょうか」，包含除の問題は「12個のあめを 3 個ずつ分けると何人に分けられますか」である。例えば，包含除の12÷3 を図で表現すると，12個の○を描いて 3 個ずつを順に枠で囲んで図 1 のようになる。そして 3 個を囲んだ枠の数を数えることで商が求まる。等分除では商を求めるには枠の中の○の個数を数える。等分除であっても包含

除であっても，出来上がった図は，同じ大きさの単位がいくつか集まった状態になる。

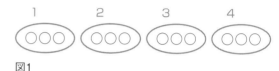

図1

12÷3 を計算するとき，減法，加法，乗法を利用することができる。図を描く操作に感覚的に近い減法では12から 3 を繰り返し引くとき，被減数の12が 0 となるので自然に計算が終わりとなる。引いた 3 の個数を数えることで商がわかる。加法では 3 ＋ 3 ＝ 6，6 ＋ 3 ＝ 9，9 ＋ 3 ＝ 12，12＋ 3 ＝ 15…となり，和が12になるときを見逃してはいけない。そして加えた 3 の個数を最初の 3 ＋ 3 の 2 個から順に数えて商を求めることができる。加減の繰り返しと加数，減数の個数を数えることと図 1 の同じ個数の○が囲まれている図を併せてみるとき，子どもは除法の計算は乗法で解決できることに気づくし，確信をもつだろう。

12÷3 ＝ 4 は，3 を 1 とみたとき12は 4 にあたる。除法を割合としてとらえたときの見方である。言い換えると，商は被除数と除数の大きさの関係を表現している。3 年生の除法の導入期において，割合につながる素地的な経験として 3 個のまとまりを 3 が 1，2，3，4 と数えることが大切である。

2量の大きさの相対的な関係についての経験は任意単位による測定にもみられる。児童の机の長さ（約65cm）を鉛筆（約13cm）と消しゴム（約5cm）で測定してみると，「机の長い方の長さは鉛筆の長さの5本分」，「机の長い方の長さは消しゴムの長さの13個分」，「机の短い方の長さは消しゴムの長さの9個分」と表現される（図2）。鉛筆の方が消しゴムより長いので，同じ机の長さは，鉛筆を用いた方が消しゴムより小さい数で表現することができる。逆に，短い消しゴムだと，鉛筆より大きい数となる。机の長い方は，鉛筆と消しゴムでは，長い鉛筆で測る方が数値が小さくなる。測定における数値化は，測定する対象の大きさと測定するための単位の大きさの関係を数値化している。

鉛筆

消しゴム

図2

「○○は□□の△個分」と表現したり，図に表現，操作したりすることで，被除数と商との大きさの関係を視覚的，感覚的にとらえることにつながる。測定では，除法が相対的な大きさの関係を表すことの素地としての経験ができる。

等分除の場面であっても，12個のあめを3人，4人，6人と分ける人数を増やしていくと，もらえるあめの数は4個，3個，2個と減る。被除数と商の大きさの相対的な関係をとらえることができる。

包含除的な見方をもとにした除法についての相対的な数の大きさの関係についての感覚は，小数倍や小数の除法の意味をとらえることにもつながるだろう。

(2) 除法の性質と分数においてみられる除法の意味

分数は除法とのかかわりがある。除法の商は分数で表現することができるし，分数を除法とみて計算し小数にできる。4年生で扱われる除法の性質「除法では，被除数と除数に同じ数をかけても，被除数と除数を同じ数で割っても商は変わらない」について考える。

$(12 \div 3) \div (3 \div 3) = 4 \div 1 = 4$

$12 \quad \div 3 \quad = \quad 4$

$12 \times 2 \div 3 \times 2 = 24 \div 6 = 4$

$12 \times 3 \div 3 \times 3 = 36 \div 9 = 4$

$\vdots$

$12 \div 3$において，除法の性質を適用してみると，$4 \div 1 = 4$が，商が4の除法の計算式のもととなっていることがわかる。$4 \div 1 = 4$をもとに商が4になる除法を次々につくることができる。除数を2倍，3倍とするとき，被除数を2倍，3倍とすると，また除数を割る2，割る3として被除数を割る2，割る3とすると，商はかわらない。同じ商の除法をつくるとき，乗法と除法は同じ役割を果たしている。商が小数になる場合を考えてみる。

$6 \quad \div 9 \quad = \quad 0.666\cdots$

$(6 \div 3) \div (9 \div 3) = 2 \div 3 = 0.666\cdots$

$\vdots$

わり算の意味指導

商を分数表現すると，分数と除法の性質との関係や比例関係がみえやすくなるだろう。

$$6 \div 9 = \frac{6}{9} = \frac{2}{3} = 2 \div 3$$

$$6 \div 9 = \frac{6}{9} = \frac{(6 \div 3)}{(9 \div 3)} = \frac{2}{3}$$

$$(6 \times 2) \div (9 \times 2) = \frac{(6 \times 2)}{(9 \times 2)} = \frac{2}{3}$$

$$(6 \times 3) \div (9 \times 3) = \frac{(6 \times 3)}{(9 \times 3)} = \frac{2}{3}$$

$$\vdots$$

除法の性質を利用して除数と被除数の相対的な大きさを変えることなく除法の式をつくりだすことは，通分，同値分数をつくる操作と同じである。通分の操作は数の大きさがかわらないようにして等分の数または単位の大きさを変える操作である。

$$\frac{6}{9} = \frac{6 \div 3}{9 \div 3} = \frac{2}{3}$$

$$\frac{2}{3} = \frac{2 \times 2}{3 \times 2} = \frac{2 \times 3}{3 \times 3} = \frac{2 \times 4}{3 \times 4} = \frac{2 \times 5}{3 \times 5}$$

除法の性質と分数における通分の操作の関係をみることで，除法の性質と通分が数の大きさを変えることなく，相対的な数の大きさが一定の分数をつくることができることの意味がはっきりする。除法が相対的な大きさを計算していることを具体的に経験する機会であるとともに，除法の性質や同値分数をつくる操作のように比例が前提とされている対応する2数に対しては，乗法と除法が同じ役割を果たしていることに気づく。

（3）比例の文脈で生ずる除法の意味

速さの場面について考えてみよう。100mを18秒で走ったレンさんと80mを16秒で走ったヒナさんでは，どちらが速いでしょう

か？

速さを比べるときに，日常的な場面では，同じ距離や同じ時間で比べる。同じ距離で時間が短い方が速いし，同じ時間で距離が長い方が速い。レンさんとヒナさんでは時間も距離もそろってないので，時間または距離をそろえたい。速さを比べるには，それぞれの人の走る速さを変えないようにして，時間や距離をそろえるにはどのようにしたらよいだろうか。距離が2倍，3倍，…，$\frac{1}{2}$，$\frac{1}{3}$…となれば，かかる時間も2倍，3倍，…$\frac{1}{2}$，$\frac{1}{3}$…となるはずであり，そうすることで距離と時間の相対的な大きさの関係が変わらないはずである。走る距離を400mにそろえてみると，

レン　100[m]×4＝400[m], 18[秒]×4＝72[秒]

ヒナ　80[m]×5＝400[m], 16[秒]×5＝80[秒]

同じ距離400mを同じ速さで走るとしたら，時間が短いレンさんの方が速い。同じ時間144秒走ったと考えてみる。

レン　18[秒]×8＝144[秒], 100[m]×8＝800[m]

ヒナ　16[秒]×9＝144[秒], 80[m]×9＝720[m]

同じ時間144秒走ったら，距離の長いのレンさんが速いことがわかる。もちろん，時間を2秒にそろえてもいいはずである。

レン　18[秒]÷9＝2[秒], 100[m]÷9＝11.11…[m]

ヒナ　16[秒]÷8＝2[秒], 80[m]÷8＝10[m]

同じ時間2秒走ったとしたら，レンさんの方が長い距離を走っているので速いことがわかる。同じ速さで走っているということを前提においたがその速さとはどのくらいの速さだろうか。本当に速さは変わっていないだろ

う。ヒナさんに限ってみると，144秒で720 m，16秒で80 m，2秒で10 m である。表にしてみると，次のようである。

時間	1	2	…	16	…	144	…
距離		10		80	…	720	…

　除法のきまりでみたように，整数の範囲において比例する2つの数の間では商が一定であった。この場合では距離÷時間が一定になるはずである。計算しみると，確かに一定の値5になり，5という数値は1秒に走る距離を示している。

　$80 \div 16 = 5$，$10 \div 2 = 5$，$720 \div 144 = 5$

　1秒に対応する表の1の下の距離が5となる。分数としてみると，分子と分母それぞれを同じ数で割る，または同じ数をかけることで速さを変えずに時間や距離を自由に変化させられる。比例の文脈においても，除法の性質や通分のときと同様に，乗法と除法を同じように利用していることに気づくだろう。

$$\frac{80}{16} = \frac{80 \times 9}{16 \times 9} = \frac{720}{144}$$
$$= \frac{80 \div 8}{16 \div 8} = \frac{10}{2}$$
$$= \frac{80 \div 16}{16 \div 16} = \frac{5}{1}$$

　時間と距離の2つの数がともなって変化するときに一定の値を示すのが速さである。2量がともなって変化すること，そしてその2量が比例関係にあることを前提にして除法が用いられている状況において，子どもは自由に乗法や除法を利用することは容易なことではない。時間を2，3…で割るとき，距離も2，3…で割る操作，そして求めた値が対応している感覚が大切である。同時に，距離を時間で割るとき，どの時間と距離の対応においても一定の値をとる。すなわち，比例の状況では，対応する2数にして乗法と除法という計算を想定している。

　6年生の比や拡大・縮小においても対応する2数の間の関係を調べるために，対応する2数に対して，除法や乗法を用いる。また，比の値を求めたり，同じ比をつくるときは前述の速さのときと同じである。

3　おわりに

　除法は，様々な算数の内容とかかわりを持ち利用され，その意味が形成される。考えるために使えるような除法の意味の形成は，素地としての活動がいかに豊かに繰り返しなされるか，そして異なる内容においていかに利用しているかを意識できるか，によっている。

　除法が数の相対的な大きさを表すことがわかるには，2年生の測定のときから2量の関係をみている意識を大切にすべきであり，分数とのかかわりを経験することが重要となる。また，比例を想定するときには，乗法と除法が同じ役割を果たすことがわかる必要がある。このために除法の性質で，また通分での乗除法の利用を意識するこが大切となる。

【参考文献】

中村光一（2011）．整数の乗法，除法の問題場面での4年生の子どもの比例的推論の実態．日本数学教育学会誌，*93*(6)，2-10.

杉山吉茂（2008）．わり算は包含除―割合の理解の素地として―。日本数学教育学会誌，*90*(2)，2-6.

これからの計算指導

上越教育大学　布川和彦

1 計算をながめる

　計算の性質を取り扱うということは、計算自体を考察の対象とするということになる。計算の実行で求められる一つひとつのステップに注意を向けるというよりも、計算全体に注意を向けることが求められる。

　その際、一つの考察の仕方は、自分が実行した一つの計算を振り返ってみることである。例えば75×16を、学習した筆算のやり方を実行して計算したとする。答えは1200という下二桁が0の比較的きりのよい数になる。この答えが正しいかどうかだけでなく、なぜこのようなきりのよい数になるのかにも関心を持って今の計算を調べてみると、75×16の背後に $(25×3)×(4×4) = (3×4)×(25×4)$ という構造が隠れていることに気づく。これを第4学年で学習する計算のきまりと関連付けるならば、きりのよい数になる理由もわかり、同時にこれなら暗算でもできたであろうことに気づく。つまり、振り返ることでよりよい解決につなげることができる。

　また平成31年度の全国学力・学習状況調査では整数のひき算において被減数と減数の双方に同じ数をたしたり、双方から同じ数を引いたりしても差が変わらないことを扱った問題が出された。そこでは421−298と423−300

や、600−201と599−200のように二つの計算を比較して考察している。この問題の後半では同様の関係がわり算でも成り立つかに議論を発展させている。後者は、第4学年で学習するわり算の性質であるが、このようにひき算どうしを比べ、さらにひき算とわり算とを比べることで、それぞれの性質の理解が進むだけでなく、それぞれの計算で成り立つ性質を統合し、四則演算全体の中にそれらを位置づけることができよう。

　このように、計算を考察の対象として計算の性質を探求することは、計算を振り返ってよりよい解決を目指すことや、異なる計算どうしを関連付けて統合したり、一方を発展させて他方を作りだしたり（竹内・沢田、1984, pp.92-99）する機会を提供しうるものであり、その意味で、算数における資質・能力の育成にも密接に関わる活動と言えよう。

2 計算の性質で計算を支える

　計算の学習においては計算を遂行できるようになることももちろん重要である。計算の性質を考えることは、計算を実行とは別の視点から見直すことにもなるが、それが計算技能を支えることにもつながる。例えば、ある教科書では小数のかけ算を一通り学習した後に、$3.26×1.4 = (0.01×326)×(0.1×14)$ であ

ること，そしてこれが$0.01×0.1×(326×14)$となることを考察させている。$3.26×1.4$を単に計算するだけでなく，$75×16$の場合のように，結合法則や交換法則という計算の性質に着目して考察してみると，筆算の仕方を支える仕組みが現れてくる。実質的には$326×14$という整数のかけ算をすればよいこと，また小数点の位置がなぜその位置になるのかが，筆算の仕方を考えていた時よりもむしろすっきりと表現されている。筆算の背後にある仕組みを計算の性質に基づいてこのように捉えることは，小数点の付け方などの理解を促し，計算技能を支えるものとなりえよう。

さらに第3学年で学習した$40×30=(4×3)×(10×10)$のことも想起すれば，整数の筆算と小数の筆算が同じ仕組みの下に統合される。これにより，計算に関する理解はさらに見通しのよいものになる。

第1節ではひき算の性質とわり算の性質との統合にも触れたが，わり算の性質は第5学年で学習する商を分数で表すことを通して，わり算が関わる他の学習内容ともつながりうる。$4÷5$に関してわり算の性質を考えれば$8÷10$や$52÷65$と同じ商になるが，この$4÷5$の商を分数$\frac{4}{5}$と書いてみれば，$\frac{4}{5}$が$\frac{4×2}{5×2}$や$\frac{4×13}{5×13}$と等しいということであり，単に同じ大きさの分数を考えているにすぎない。学習指導要領解説では分数が整数のわり算の商になっていることも「分数に固有な計算の性質」（p.47）とされているが，その性質を用いてわり算の性質を見直すことで，わり算の性質を同じ大きさの分数を作ることと捉えた

り，逆に同じ大きさの分数を作ることをわり算の性質から理解したりすることが可能となる。こうした理解があれば通分をする際に分子に数をかけ忘れるといった誤りを防ぐことにつながり，計算技能を支えることが期待される。

さらにわり算の性質を視点として比較量÷基準量を考察すれば，等しい割合になるような量のペアを考えることにもなり，比例において（yの値）÷（xの値）がいつも決まった値になることも当然のことと思えてくる。計算の性質は計算技能を支えるだけでなく，様々な学習内容を関連付け，算数全体の見通しをよくし，その理解を助けるものと言えよう。

以前，百マス計算が流行っていた時期に授業を見せて頂くと，算数がそれほど得意でない子でも，どこから計算したら楽かを考えながらやっていた。その際には，計算しやすいものをまず計算し，計算の性質に基づいてその右隣はそれより1大きくなる，上のマスはそれより10小さくなるなどと，計算どうしを関連付けながら答えを記入していた。子どもたちが計算の性質を考えることが実は嫌いではないのだとすると，計算の性質を考える機会を私たちがどれだけ提供できるかが重要となる。計算を行う際に，いつも正誤だけに注意を向けるのではなく，可能な場合には計算の性質の点から計算を味わうことは，計算を考察の対象とすることを促すと考えられる。

3 計算の性質の仕組みにせまる

算数の学習では，計算の性質は基本的に，いくつかの事例を観察して，そこから帰納的

に導かれることになる。こうした考察は算数的な事象について「見通しをもち筋道を立てて考察する力」を発揮する場面になる。

ここでさらに「なぜ」を考えると，今度は計算の性質自体が考察の対象へと変わる。算数の学習内容の制約の下で考えると，考察の仕方にはいくつかのタイプが考えられる。

第一は行為による証明（Action Proof）と呼ばれるタイプである。右図は 3−1 の差が 5−3 と等しくなるこ

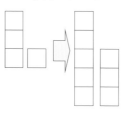

とを示したものである。下にブロックを追加する行為を観察することにより，被減数と減数に同じ数を加えても差が変わらないという性質の背後にある仕組みが見えてくる。

第二のタイプは具体的な場面の助けを借りて考察するものである。わり算の性質の場合であれば，第5学年の小数のわり算の学習にあるような，代金の場面をもとに考察することが考えられる。4ｍで180円のリボンは8ｍなら360円，2ｍなら90円で，しかも1ｍあたりの値段は変わらないから，180÷4の商は360÷8や90÷2の商と同じになるのは当然であるとして，仕組みにせまるものである。

第三のタイプとして式を用いて考察する場合が考えられる。わり算の性質も，同じ大きさの分数と関連付けられるようになれば，式の上からその妥当性を納得することもできる。またかけ算の性質として13×8のかける数を5倍すれば積も5倍になるといったことは，結合法則を用いて$13 \times (8 \times 5) = (13 \times 8) \times 5$

と考えれば，その仕組みを明らかにできる。

計算の性質の学習をする際は，帰納的に計算の性質を見いだす学習場面や，上のいずれかのタイプの考察により計算の性質の仕組みにまでせまる学習場面が混在する可能性がある（関，2004）。異なる性格の学習場面を授業の中で意識的に区別して設定しないと，何を根拠にして何を正当化しようとしているのかが曖昧な展開になってしまう危険性もある。

また，算数で学習する内容の制限により行いにくい考察も出てくる。例えば，13×8のかける数を2で割った場合に積も半分になることを5倍の場合と同様に式で説明しようとすると，$13 \times (8 \div 2) = (13 \times 8) \div 2$の式を考える必要があるが，÷2を分数のかけ算にできない時点では左辺のかっこをはずす部分が納得しにくいかもしれない。3−1が5−3と等しいことも，$5 - 3 = (3 + 2) - (1 + 2) = 3 + 2 - 1 - 2 = (3 - 1) + (2 - 2)$とできれば式でも説明できるが，算数では前に「−」のついたかっこをはずす部分が扱いにくい。

計算の性質の学習においては，性質の「なぜ」を問うのか，問うとすればどのように「なぜ」に応えることができるのかまでを視野に入れて計画しておく必要がある。

4 **計算の性質から思考を作る**

計算の性質はそれを見いだす学習も重要であるが，それをできるだけ後の学習の中で利用していくことも重要となる。ただし計算の性質を利用する際に，私たちには当然でも子どもたちにはそうでない発想がある。例えば計算の性質に「従って」自らの思考を方向付

けることである。平成28年度全国学力・学習状況調査ではわり算の性質を示した上で、2.1÷0.7を□÷7に直すことを考えさせている。□を21としながら答えを3以外にした解答が23.7%見られ、全体の正答率も68.7%に留まった。わり算の性質を知っていても、それに従って自分の考えを進めることは、子どもたちにとって必ずしも自然にできることではないと考えられる。

また式の捉え方も、私たちと異なる場合がある。平成30年度調査の九九表の問題では、分配法則に従って式を書く問題が出されたが、手本となる式が示されていたにも関わらず、正答は62.9%に留まった。ここで求められた32＋40を4×8＋5×8＝(4＋5)×8と変形することは、4×8＝32などとする通常の計算とは方向が逆転している。さらに教科書で分配法則は、(□＋○)×△＝□×△＋○×△として示されるが、上の変形では右辺の形を左辺に直すことが求められている。もしも左辺を計算すると結果が右辺になると捉えていると、右辺を左辺に直すことは難しくなる（溝口、1999）。加えて前の段落で述べたように、両辺を計算すると答えが等しくなるとは理解できても、分配法則に従って自分の考えを作り、式を変形する難しさが加わる可能性もある。

計算の性質を利用する際には、式から式を作り出すことになり、計算の実行とは少し異なる考え方が必要になる。指導にあたっては、そうした違いにも注意を払う必要があろう。

5 計算と仲良くなる

前節で見たような、計算の性質により自分の思考を作っていくことは、中学校での文字式の計算や方程式を解くことに近い活動になる。その意味では、計算の性質を見いだすだけでなく、それを積極的に利用するよう促すことは、小中連携の点からも重要な支援であると考えられる。

また計算を考察の対象とし、計算の背後の仕組みを探ったり、計算どうしを関連付けたり、さらには性質を利用して新たな考えや式を作っていくことは、計算を決まった手続きに従って処理すべき対象から、自分から働きかけ調べていくべき探求の対象とすることへと移行することを意味する。この点でも、文字式自体についていろいろ探究する中学校の学習の素地になると期待される。

計算自体を探究するために、「データ」収集として計算を実行し、結果を観察することは、計算の相貌と向き合い、計算と「もっと仲良くなる」ことである。計算と仲良くなり、もっとよく知りたいと思うことは、計算に関して「学びに向かう力」を高めることにもなる。このように考えると、計算についての主体的な学びを促すことにとって、計算の性質に着目して、一段高いところから計算を俯瞰するような学習は本質的に重要だと考えられる。

【参考文献】
溝口達也（1999）．学校数学における等号「＝」の認識の変容を捉える観点の設定．鳥取大学教育地域科学部紀要（教育・人文科学），*1*(1), 195-203.
関　正浩（2004, 9月）．5年・四則について成り立つ性質．新しい算数研究，*404*, 33-35.
竹内芳男・沢田利夫（1984）．問題から問題へ．東洋館出版社.

これからの計算指導

計算の仕方の指導

日本大学文理学部　山崎浩二

1 これまでの計算の仕方の指導

計算の指導には，計算の意味理解，計算の仕方の考察，計算の習熟，さらには計算結果の活用の4つの内容がある。この中でも，計算の仕方の指導は，計算の意味指導とともに，これまでの算数の学習の中でも大切にされてきた。昭和53年小学校指導書算数編では「計算の仕方を子ども自身に見いださせるように導く」ことが記され，数学的な考え方を伸ばすことを目的として位置付けられている（文部省1978，p.59）。

自ら計算の仕方を考察する過程では，類推や拡張の考え，演繹的な考え，統合的・発展的な考え方など数多くの数学的な見方や考え方が働く。計算のきまりを用いて考察することや，言葉や式，図等を用いて考え説明し伝え合うといった他者と協働する機会も豊富に設定できるため，豊かで創造的な数学的活動を促せる。したがって，きっとこれからも大切にすべきものであろう。

計算の仕方の指導を通して，次の3つのことが期待できる。

（1）数や式の見方を広げていく

例えば，3年での25×4の計算の仕方を考える際には，既習の乗法の意味（同数累加）に基づく25＋25＋25＋25の捉え方から，25を20と5との和と見ることで（20＋5）×4＝20×4＋5×4という見方ができるようにしていく。このように，計算の仕方の考察を通して，子どもたちの数や式に対する見方がひろがり，思考をしなやかにすることが期待できる。

（2）論理的に考察する力を伸ばす

例えば，6年の分数同士の除法の計算の仕方の考察では，除法の意味や計算のきまりに基づいて計算の仕方を考察していく。このような学習活動を通して，既習を基に論理的に考察する経験とそのよさを積み重ねていくことが期待できる。

（3）統合的・発展的に考察する力を伸ばす

整数，小数，分数のそれぞれの加減乗除について，6年かけてその計算の仕方の考察することで，つねに自分たちで計算方法を創り出そうと試み，統合・発展的に考察する過程を繰り返す。これら一連の活動を通して，算数を意欲的・創造的に学ぶ態度が育まれる。

杉山（2010）は，「それぞれの数学の生まれるきっかけ，数学に作り上げられるプロセスにある工夫と努力，作られた数学が実際の問題解決に役立っていく一連の姿が見える数学の学習，人間の営みとしての数学，互いにつながって見える数学の指導を考えること」（p.22）を強調し，算数・数学の学習を創造

的なものにすることを指摘している。計算の仕方は，形式的に教え込めば済ますこともできる。しかし，あえて子どもたちが数学的な見方や考え方を含む数学を学習することの価値を実感することや，数学を使って自ら問題解決を進め，数学を生み出す場を経験することで，算数の学習を通して豊かな資質・能力を身に付けることをねらいたい。

2 多様な方法を促しその本質に気づく

計算の仕方の考察においては，単に複数の方法や多面的な見方を促すだけでなく，それらを概観し，その中に共通する事柄を見いだしていくことで，その本質に気付かせることが大切である。

例えば，1年の繰り上がりある加法の学習の導入で，8+6の計算の仕方には次のような方法が考えられる。

・$8+(2+4)=(8+2)+4$
・$(4+4)+6=4+(4+6)$
・$(5+3)+(5+1)=(5+5)+(3+1)$

これらに対して，共通する事柄を問うことで，「10のかたまりをつくればいい」という繰り上がりの本質に気づかせる。3年生の乗法の筆算の導入であれば，$16×4$に対して，次のような考えが子どもから出たとする。

・$16+16+16+16$　　・$8×4+8×4$
・$9×4+7×4$　　　　・$10×4+6×4$

それぞれを価値付けつつ，どの方法がより求めやすいか，2数に分けるなら一番間違いが少ないのはどれかなどを問うことで，十進法の原理に基づく10と6に分けるのがよりよいことに気づかせ，筆算へとつなげる。

このように，子どもたちが計算の仕方の本質となる事柄にまで目が向くように，そして計算の仕方を考察する中でよりよいものを創り上げていくことのよさまで実感できることまで目指していきたい。

3 上手に工夫した計算を価値付ける

以前，異学年が同じ教室で学ぶ複式学級での授業の機会をいただいた。1年生と2年生とが学ぶ複式で，1年生はちょうど繰り上がりの加法を，2年生は2位数どうしの加法をそれぞれ学習した直後だと聞き，次のような課題にすることにした。

1年生：$1+2+3+4+5+6+7+8+9$
2年生：$11+22+33+44+55+66+77+88+99$

2つの課題とも，算数の授業実践としては定番のものであろう。答えを出すことだけを目的とするのではなく，子どもたちがいかに工夫し計算するかに焦点化し，式で表し，式で考えて共有し，その後の学習にも生かすことをねらう。

この日も様々なアイディアが出された。式の中の数字を巧みに組み合わせるたびに歓声が高まり，競うように手も上がった。1年生では，$(1+9)+(2+8)+(3+7)+(4+6)+5$ $=10+10+10+10+5$と$(1+2+3+4)+(5+7+8)+(6+9)=10+20+15$の2つが支持され，2年生では以下のような方法が出た。

・$99+99+99+99+99$
・$110+110+110+110+55$
・$55+55+55+55+55+55+55+55+55$

多くの授業実践では，このように上手に「同じ数のかたまり」をつくることで，長い

計算の仕方の指導

式をより合理的に計算できることが共有される。ところが，この授業ではこんな場面が待っていた。2年生の課題を見ていた1年生のある子が「2年生の問題もできる」と言い出した。

「$10+20+30+40+50+60+70+80+90$は$1+2+3+4+5+6+7+8+9$の全部の数字に0が付いているから，答えも45に0をくっつければいい。答えは450と45を足せばいい」。この子は，1年生らしく，2つの答えがよく似ていることに着目し，式の形を基に工夫している。2つの問題を，一歩引き振り返ることで統合的に見ることができた。きっとこの子は，そしてこの教室にいた子たちは，$111+222+\cdots+999$などの計算も乗り越えてしまうだろうと感じさせてもらった授業だった。

計算の結果も，時には計算の仕方の考察の一つの手がかりになる。結果から考えることは問題解決のプロセスでもある。結果を振り返り，何が見いだせるかを問うことは学びをさらに深める。答えが出せることだけが嬉しいのでない。答えから発見があり，それが次からの学びにも使えるからこそ感動する。ちゃんと目の前にあったのに，まだ誰も見えていなかったものを，数学的に見たり考えたりすることで出会えた喜びこそ真の楽しさなのだろう。

4 これからの指導へのいくつかの提案

（1）上手に計算する

例えば，計算の仕方を以下のように考える。

・$113-95=113-\underline{100}+5$

・$76\times5=76\times\underline{10\div2}$　・$950\div5=950\div\underline{10\times2}$

・$846\div21=846\div\underline{3\div7}$　・$36\times25=\underline{9\times4}\times25$

・$14\times28\times25=(14\times7)\times(4\times25)$

・$13\times16=(13+6)\times10+3\times6$

いわゆる速算法とも呼ばれるもので，四則で成り立つ性質を使って計算を上手に工夫する。計算の仕方を，式を使って考えることで，計算力がつくだけでなく，数に対する見方をひろげ，計算を生かすことにもなる。かつては現代化の時代にも強調されたことである。

（2）筆算を考察する

『ウェルズ 数理パズル358』には，筆算を使った興味深い問題（改題）がある。

問題：1345から897を引き算する方法を示しています。この計算の仕方を説明してください。

方法①	方法②
1345	1345
897	8655
346	897
102	9552
448	448

それぞれの方法は以下のように説明できる。

方法①

$1345-897$

$=\{1345-\underline{(1000-1)}\}-\{897-\underline{(1000-1)}\}$

$=(345+1)+(999-897)$

$=346+102$

$=448$

方法②

$1345-897$

$=\{1345+\underline{(10000-1345)}\}-\{897+\underline{(10000-1345)}\}$

$=10000-(8655+897)$

$$= 10000 - 9552$$
$$= 448$$

　方法①は，1345と999との差を346と102との和にしている。方法②は，10000と1345との差と897との和を活用しようとしている。2つとも，計算のきまりを用いながらいずれも減法を加法的に捉えようとする見方が興味深い。

（3）オープンエンドな問題を用いる

　坪田（1995）は，数の合成・分解を通して計算の仕方を考察する中で「豊かな数感覚を磨く場」として以下の問題を提案している。「電卓の+，−，×，÷，=，5の6つのキーだけを使ってディスプレーに17を表示させる方法をいろいろと考えましょう。」

　例えば，以下のような方法が考えられる。

・$(5+5) \div 5 + 5 + 5 + 5$

・$(5 \times 5 + 5 + 5) \div 5 + 5 + 5$

・$(55 + 5) \div 5 + 5$

・$(555 - 5) \div 5 \div 5 - 5$

　電卓には累加機能やメモリ機能などもあり，それらを使うことでさらに工夫がひろがり，創造的な活動が期待できる。

（4）数の性質に親しむ

　例えば，以下のような筆算を並べる。

```
   26        49        93
 −  8      − 13      − 12
 ────      ────      ────
   18        36        81
```

・これらはどのような計算なのだろう。

・差が36になる式を他にもつくってみよう。

・差が45になる式はできるだろうか。

・他にどんな答えがあるだろうか。

・計算しなくても答えがわからないだろうか。

・なぜいつも9の倍数になるのだろうか。

　計算を通して明らかになる数の性質がある。それらを発見的に学ぶことで，数や式，図，言葉などを使って計算を考察し，説明する機会にもなる。

（5）インクルーシブの視点から

　計算の指導において，インクルーシブの視点は今後とも欠かせないだろう。子どもたちの間に個人差は存在し，計算で言えば，到達度，要する時間，思考のスタイル，興味・関心などである。子どものつまずきの様相と傾向を捉えて，教室内でも共有することが大切であろう。その際には，当然，電卓やICTの活用も必要となる。

　計算の仕方の指導においても，まずは子どもたちが試行錯誤することが大切となろう。直観的な捉えも活かしつつ，数直線図だけに限らず，具体物，テープ図，面積図や場面図など，自分に合った表現方法や多様な学習活動を認めることで，それぞれのよさに気付き価値付けることで理解が深められるとよい。時には，あえて誤答も取り上げ，どこが間違いなのか，なぜそのような思い込みをしてしまったのか，という問いを立てるのもよいのではないだろうか。算数を通して鍛えるレリジエンス（回復力）でもある。

【引用・参考文献】
D. ウェルズ（宮崎興二監訳，日野雅之訳）（2021）ウェルズ 数理パズル358，丸善出版．p.34.

杉山吉茂（2010），「数学教育本質論」，日本数学教育学会編，数学教育学ハンドブック，東洋館出版社，pp.18-29.

坪田耕三（1995）計算の工夫，島田茂編 新訂算数・数学科のオープンエンドアプローチ，東洋館出版社．pp.106-109.

式の機能と式の見方の理解を目指した学習指導

東京学芸大学　清野辰彦

1 はじめに

　算数・数学の学習では，事象における数量間の関係を的確に捉え，その関係を表現し，考察することが重要な活動となる。その際，表現方法として式が用いられることが多い。式は，事象間の関係を的確・簡潔・一般的に表現できるからである。また，式は，数学的原理や法則を用い，数学的処理を施すことができるからである。これが，「式は数学の言葉である」と言われる理由である。

　本稿では，式に関わる内容の理解の実態について指摘したうえで，その実態を改善するための指導として，式に表すこと，式の見方の点から考察する。

2 式に関わる内容の理解について実態

　本節では，式に関わる内容の理解について，国際的な大規模調査の結果を基に把握してみる。その際，公開されている問題が多いTIMSS2011（Trends in International Mathematics and Science Study 2011）に焦点を当てる。TIMSS2011では，小学校4年生を対象に，算数に関する調査を行なっており，中学年の児童の理解の実態が把握できる点も焦点を当てた理由である。

　TIMSS2011には，次の問題がある（国立教育政策研究所，2013，p.176）。

> ひろしさんの持っているえんぴつの数を▲で表します。きみ子さんはひろしさんにえんぴつを3本あげました。ひろしさんが今持っているえんぴつの数は，次のどれですか。
> ①　3 ÷ ▲
> ②　▲ + 3
> ③　▲ − 3
> ④　3 × ▲

　上記の問題の日本の正答率は72.7％である。一方で，国際平均値は，72.6％である。既習の内容に関する問題（全部で126問）の中で，日本の正答率が国際平均値より下回っている問題は2問，上回ってはいるが正答率の差が1％未満の問題は上記の問題1問となっており，珍しい問題である。この実態を見ると，問題場面を式で表現すること，特に，複数の主語（上記の問題で言えば「きみこさんは」と「ひろしさんが」）が記載された文章の意味を適切に読み取り，問題場面を式で表すことに難しさがあることがわかる。

　次の問題は，□にあてはまる数を求める問題である（国立教育政策研究所，2013，p.196）。

> $3 + 8 = \square + 6$
>
> $\square$にあてはまる数は，次のどれですか。
>
>   ①17   ②11   ③7   ④5

上記の問題の日本の正答率は68.4%である。（国際平均値は39.2%）。報告書の中には，誤答を選択した割合は示されていないが，3＋8＝11になることから，②を選択した児童が多かったのではないかと推測する。②を選択した児童は，操作的な見方から式を捉えており，関係的な見方，つまり，「左辺と右辺が等しい関係になっている」という視点で式をみていないと考えられる。この実態には，「＝」の理解も影響していると考えられる。

上記の2つの実態は，式に表すことや式の見方に関して課題があることを示している。以下では，これらの課題の改善のための指導について考察する。

3 式に表すこと

(1) 式の種類

数学では，式の中でも文字の式が多用されるが，算数では，文字の式だけでなく，数字の式や言葉の式，そして，□や○を用いた式も用いられる。そこで，算数において用いられる式の種類について整理する。その際，「数量を表す式」であるか，「関係を表す式」であるかの視点で整理する。整理したものが表1である。「数量を表す式」は，フレーズ型の式と呼ばれ，「関係を表す式」は，センテンス型の式と呼ばれている。

先に示したTIMSS2011のはじめの問題では，△＋3が扱われていたが，それは「数量を表す式」のうち，「□，△を用いた式」に該当する。一方，2つめの問題では，3＋8＝□＋6が扱われていたが，それは「関係を表す式」のうち，「□，△を用いた式」に該当する。単に式といっても，様々な式を子どもたちは学習しているのである。

表1　式の種類

	数量を表す式	関係を表す式
数字の式	$5 - 2$	$5 - 2 = 3$ $5 - 2 < 4$
□，△を用いた式	$\square + \triangle$	$\square + 3 = \triangle$
文字の式	$a + b$	$x \times 3.14 = y$ $a \times b = c$
言葉の式	（出したお金） －（代金）	（単価）×（個数） ＝（代金）

(2) 式のはたらき

算数の学習において，式という言葉が明確に使用され始めるのは，たし算の学習からである。例えば，3つのものと2つものを合わせる合併の場面において，ブロックを見せながら，「3と2をあわせると，5になります」という日本語を「しき　3＋2＝5」として表現することを学習する。ここで子どもたちは，操作を表現する1つの手段として式を学習している。同時に，数量間の関係を表す手段として式を学習しているとみることができる。

その後，主語が明確に示された場面や状況を式で表すことを学習する。例えば，「こどもが7にんいます。3にんきました。こどもは，みんなでなんにんになりましたか」といった増加の場面を式に表す学習をする。この

式の指導

ように，子どもたちは，式が操作や関係や場面を表すことができるという式のはたらきについての理解を深めながら学習していく。

式が操作や関係や場面を表すことの理解をより一層深めることができないかという視点で，学習内容を見直してみると，様々な箇所でその機会があることに気づく。例えば，1年生の「10より大きいかず」の単元で，14を10と4に分けて考えることを学習しているが，その際，「14は10と4」を14＝10＋4という式で表すことを学習することができる。

また，「たしざんとひきざん」の単元では，「あかいかみを9まいかいました。しろいかみは，あかいかみより4まいおおくかいました。しろいかみは，なんまいかいましたか」のような問題に対し，図を用いて場面を表現して解決することを学習する。この学習の際，「しろいかみは，あかいかみより4まいおおくかいました」という関係を（しろいかみ）＝（あかいかみ）＋4と表し，（しろいかみ）＝9＋4という式に表現できることを学習できる。式のインフォーマルな使用であるが，こうした学習により，式は答えを求めるためのものという認識から，式は関係や場面を表すことができるという認識へと少しずつ変容させていくことができると考える。

一方で，式の指導に関する，和田義信（1997）の次の指摘は極めて示唆的であると考える。和田は，「自転車置き場に，赤と青の自転車があります。赤い自転車は18台です。赤い自転車は，青い自転車より5台多いそうです。青い自転車は何台ありますか」(p.147)

という問題を例に挙げ，この問題において，18－5＝13と立式し，13台という答えを求めることが教えることではないと言う。では何を教えるのか。上記の問題で問われているのは青い自転車の台数であるが，問題文の赤い自転車と青い自転車との関係を表す文は，青い自転車を主語にした文になっていない。和田は，「主語があって，その次に比べるものがあって，それとの違いが並列されると我々は楽にできるのです」(p.147) と述べ，求めたいものを主語に変えて表現すればわかりやすくなり，それが教えることであると述べている。また，主語を入れ換えることによって，大小関係は逆になることが教えることであると述べている。

「赤い自転車は，青い自転車より5台多いそうです」を青い自転車を主語にして，表現すると「青い自転車は，赤い自転車より5台少ない」となる。このように表現できれば，先に述べたように，問題文の関係は，（青い自転車）＝（赤い自転車）－5と表すことができ，（青い自転車）＝18－5という式に表現できる。

また，TIMSS2011の問題でも，「きみ子さんはひろしさんにえんぴつを3本あげました」を，求めたいひろしさんを主語にして表現すると，「ひろしさんはきみ子さんからえんぴつを3本もらいました」と表現でき，式に表す際にわかりやすくなる。

主語を入れ換えることによって，大小関係が逆になることの理解とともに，それができるように指導していくことが重要であると考える。それは，上記のような加法と減法の場

合だけでなく，乗法と除法の場合も同様である。例えば，「Aさんのテープの長さは，Bさんのテープの長さの4倍である」という関係があるとき，その主語を「Bさんのテープの長さ」に変え，「Bさんのテープの長さは，Aさんのテープの長さの$\frac{1}{4}$である」と表現することも大切にしたい。

4 式の見方

TIMSS2011の実態から，操作的な見方から式を捉えており，関係的な見方，つまり，「左辺と右辺が等しい関係になっている」という視点で式をみていないことを指摘した。図1は，4年生の学習において，複合図形の面積を求める際に子どもが記していた式であるが，この式にも，上記の指摘が垣間見られる。

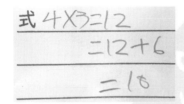

図1

式を関係的な見方で捉えることができるようにするための指導として，ここでは，3つの例を挙げたい。

(a) 数の分解

例えば，10の分解を考える際，10＝□＋□のように表現し，10＝3＋7，10＝6＋4などをもとに，右辺から左辺を見る見方を養う。

(b) 分配法則の逆

例えば，図2のように，2つの図形に分割して面積を求めた時にかいた式に着目すると，分配法則の逆を用いれば，4×3＋3×2＝(4＋2)×3と表すことができる。このように表現することによって，1つの長方形として考えるという移動の考えが生み出される。4×3＋3×2を計算して答えを求めるだけでなく，式を変形することによって，新たな考えを生み出すことができるという経験が，式の関係的な見方を促すと期待できる。

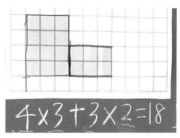

図2

(c) いくつかの数の和をいくつかの数で表す

今回のTIMSS2011の調査問題（3＋8＝□＋6）にあったように，いくつかの数の和をいくつかの数で表すという経験も，式の関係的な見方を促すと期待できる。例えば，2＋4＋3＝3＋3＋3のような表現からは，数のバランスを整えたという意識も生まれるであろう。

5 おわりに

本稿では，式に表すことと式の見方に焦点を当て，指導について考察してきた。いずれにしても，式は，事象間の関係を的確・簡潔・一般的に表現できるというよさを感じさせながら学習を進めることを忘れてはならない。

【引用文献】

国立教育政策研究所（2013）．TIMSS2011算数・数学教育の国際比較，明石書店．

和田義信（1997）．数学と数学教育，和田義信著作・講演集3，東洋館出版社，146-153．

計算指導
×Σ÷∩−!±= について

計算なんかいらんぜよ

元國學院短期大学　**正木孝昌**

1 むかしむかし

　私が初めて赴任したのは，高知県の中央を流れる仁淀川の上流，安居である。地図で探すと安居渓谷の地名と名勝地のマークが見つかった。安居小学校は，今はもう廃校になったと聞く。赴任したのは，今から60年前である。最初受け持ったのは3年生で学級児童数は全部で7人だった。複式にはならなかった。みんな元気な子どもでけんかはよくしたが，弱い者いじめは絶対にしなかった。子どもたちは名前でお互いを呼びあった。

　五月。お天気のいい午後。子どもたちを連れて子どもたちの住んでいる村に出かけた。切り立つ山の中腹に開墾された場所が広がり，三椏や楮など，製紙業の原料になる木々が一面に植えられている。その中に子どもたちの家が点在していた。見下ろすと，遥か遠くに学校のある県道や渓流が見えた。

　父親の一人が話をしていけと言う。雰囲気は極めて軽快で楽しかったが，私にはきつかった。衝撃だった。

　「先生よ，俺らあの子に16×4はいらんぜよ。おまんは一生懸命教えてくれよった。しかもあいつらに答えを自分らで出させようとしよったけんど，それは無理ぜよ。ちゃんとやり方を教えちゃりや」

　方言を文字で起こすと乱暴に感じる。しかし，あくまで優しく，穏やかな調子だった。嫌味はまったくない。初めての父母会の時，「授業はいつでも見に来てください」とお願いしてあった。親たちは熱心で，用意してある椅子に座って授業に参加してくれていた。

　それにしても，「16×4はいらん」は困る。彼が言うのには，「16を4回たす」などということがそんなにあるとは思えない。もし，その場に出会ったなら素直にたし算すればいいと言うのである。1時間近くも一つの問題をあれこれと突きまわすことはないというのである。子どもたちは，とっくに分かっているのに，いつまでもくどくどやっているとしか見えない。痛いところをついてくる。

　相手の言うことは分かる。しかし，うかつに頷く訳にはいかない。周りには駆け回ると楽しいことが山ほど待っている。それを横目に見ながら，子どもたちは我慢して教室に座っていろと言うのは残酷ではないかと相手は言いたいのだろう。しかし，それをそのまま認めてしまったら，こちらの存在はなくなる。こちらにとっては死活問題である。生きるか死ぬかだ。気を抜くわけにはいかない。

　二人の大人の話題は「16×4」だった。でも，この話はそのまま進めば，授業そのものが必要かという問題に発展していくに違いな

い。「この子らに計算はいらんぜ」という父親のあの声が，あの優しい調子が心に残った。

2 現在今日

あれから60年になる。私は大きく変わった。考え方も議論の仕方も立場も変転した。世間もまた大きく変わった。しかし，その昔のあの議論は根強く根深く私の中に残っている。もちろん，計算を「いらん」とは思っていない。しかし，新任早々に突き付けられたこの問題は言葉を変えて私の生涯に関わる問題になった。

今も私は何故子どもは計算を学ぶかということについて考え続けている。算数は活動である。活動である算数の意味と具体を明らかにしていきたい。しかし，もう私の前に具体な子どもはいない。どうすればいいだろうか。

計算力という言葉がある。計算力というと多くの人が与えられた計算について答えを速く，正しく出す力だという。しかし，これはおかしい。誰でも可笑しいと思っている。でも，可笑しなことにみんな口に出さない。出せない。100円で電卓が買うことができる時代である。スーパーマーケットに行けばバーコードであっという間に合計を出してくれる。機械に頼っているだけでは嫌だ。自分の力で，自分の頭脳を使わせたいというかもしれない。しかし，自分の手と鉛筆を使って計算しているその姿だけで満足していいだろうか。多くの教師たちが筆算を子どもに教えようとする。筆算の形式が使えるようになった子どもは，沢山の計算ができるようになる。速く，正しく計算を処理することが計算指導の目標なら

ば，筆算を習熟させるだけでいいかもしれない。しかし，それでいいのだろうか。先人が作ってくれた手順をただひたすら繰り返しなぞるだけで計算について学んでいるといえるだろうか。

2年生のかけ算九九の指導でも同じことが言える。日本の子は，古来からかけ算九九の唱え方が用意されている。だから，訳の分からぬ歌をうたう様に九九を唱えて覚えてしまう。唱えている九九には算数は希薄である。大声で，無心に「さんにがろく」「さざんがく」と唱えている子どもに算数はない。2年生の教室には九九を覚えるとシールを貼ってもらう用意がしてある。シールの表が完成すると九九の学習は一応完了したことになり，教師も子どももほっと安心する。

筆算が必要でないと言っているのではない。九九を唱えて覚えることも大切にしたい。筆算は計算の一つの方法である。しかし，この方法しかないと思い込むのはまずい。大切なのは計算について考える力を持つことである。算数を学ぶということは，子どもが能動的に数や計算に働きかけていくことが前提になっているのではないか。私はそう考えている。

肝心の答えを避けている。問題は入り口しか見えていない。計算とは何をすることだろうか。それすら明確に見えていない。ここでまた60年前の安居の父親の声が聞こえてくる。今，本当に子どもに必要な算数とは何か。これは決して古い問いではない。あの山の上，明るい子どもたちの姿と重なって現在，当面の問題として迫ってくる。

計算指導

×Σ÷∏−!± について

「できる」「わかる」から「よさ」や「楽しさ」を味わうへ，授業観の変換を

明星小学校　細水保宏

1 計算指導で育てたい子どもの姿

次のような計算場面に出会ったとき，どのように動く子どもたちにしたいのであろうか。

① 37 + 99 = 136	② 37 × 99 = 3663
③ 25 × 24 = 600	④ 428 × 5 = 2140
⑤ 12.3 × 4.2 = 51.66	⑥ $\frac{6}{7} \div 2 = \frac{3}{7}$

計算場面に出会ったら，既習・未習問わず，自分なりのやり方で一応答えを出すことができる子，答えが幾つぐらいになるか見通しが立てられる子，答えがあっていそうか確かめてみることができる子，その計算の仕方を説明できる子にしたいと思う。

①や②で言えば，99を100−1とみて，答えは137や3700に近い，あるいは，37＋99＝37＋（100−1）＝136，37×99＝37×（100−1）＝3663といったやり方を考えたり説明したりすることができる子どもにしたい。

③で言えば，25×4＝100を利用して，24を4×6とみて，25×24＝25×（4×6）＝（25×4）×6

＝600と考えることができる子にしたい。

④で言えば，×5を10÷2とみて，428×5＝428×10÷2＝2140と暗算で答えを求めたり，答えを確かめたりできる子にしたい。

⑤であれば，12.3×4.2の答えは，12×4＝48より少し大きくなると予想して，小数点の打ち間違いに気づく子にしたい。

⑥で言えば，$\frac{6}{7} \div 2 = \frac{(6 \div 2)}{7} = \frac{3}{7}$と処理する子にしたい。

ところが，現状はどうであろうか。

どの計算もまず筆算ありきで取り組む姿を多く見かける。筆算はいつでも使えるというよさをもっている。したがって，いろいろ計算方法を取り扱った後で，最後はいつでも使える筆算でまとめ，さらに活用できるようにと筆算の習熟を図る展開がなされている。

確かに上記の方法はいつでも使えるものではない，その場にしか使えない方法である。しかし，「計算指導で育てたい子どもの姿は？」と問われたら，私は筆算のよさを理解しつつも数のしくみや計算のきまりを駆使して簡単に処理しようと臨機応変に取り組む子どもの姿の方を望む。なぜなら，そのような子どもは算数のよさや考える楽しさを味わっている子だからである。

そこで，算数の深い学び，言い換えれば，「算数のよさや美しさ，考える楽しさを味わうことができる学び」に迫るために必要な計算指導について考えてみたい。

2 計算の意味の指導で考える楽しさを

演算が決定できれば，その計算は計算機等を用いれば計算することができる時代である。

そうなると，演算を決定する力が問題となってくる。

　今まででも計算の意味についての学習は行われてきた。しかし，計算能力がその速さと正確さに向けられていた分，計算の仕方や習熟に重きが置かれていた。また，「どうしてその式になるの？」と問われたとき，「だって，〜だから」とはっきりの答えるだけの根拠をもつことができない子も多く見受けられた。

　問題や場面を捉えて立式する活動やその立式が確かにあっているか確かめる活動自身が楽しいと感じることができる計算指導を考えていくことが重要である。「この式だと思う，だって〜」「この式だとおかしいと思う，だって〜」といった呟きと共に，図や式や言葉を用いて自分の考えを出し合っていきながら「わかった！」「はっきりした」「すっきりした」といった気持ちをもつことができる，その活動が楽しいと思える子にしていきたい。

3 計算の仕方を考える活動で，算数のよさや美しさ，考える楽しさを

　例えば，2桁＋2桁の計算指導で，24円と15円，合わせて何円になるかの問題場面を提示し，24＋15の計算の仕方を考える場面を創ったとする。半具体物や図などを用いて，計算の仕方をいろいろ説明するであろう。

① $24+15=39$

② $24+15=39$
　$20\ 4\ 10\ 5$
　$20+10=30$
　$4+5=9$

③ 十の位 $2+1=3$
　一の位 $4+5=9$

④ 　　24
　　＋15
　　――――
　　　39

⑤ 　　24
　　＋15
　　――――
　　　30
　　＋ 9
　　――――
　　　39

⑥ 　　28
　　＋17
　　――――
　　　30
　　＋15
　　――――
　　　45

　しかし，教科書では①〜③を扱いながら，④のような一の位から計算する筆算を教える。

　例えば，子どもたちの考えを素直に形式化するならば，⑤のような筆算になるはずである。さらに，もしこの上位から行う筆算を扱ったのであれば，次に学習する繰り上がりのある筆算で⑥のような筆算を用いる子も出てくるはずである。教科書に載せられていない素直な考えと比べてみることにより，一の位から計算する簡潔さと人間の知恵についても感じ取ることができる。

4 数のしくみと計算のきまりを積極的に活用する

　計算を行う場面では，必ず数のしくみや計算のきまりを用いている。それをその都度意識づけていくことが大切である。キーワードは「その都度」である。数のしくみと計算のきまりに着目することは，数感覚を豊かにするとともに，きまりを活用するよさを感じとることができる。

5 基礎的な知識・技能の習熟は楽しさをメインに

　積極的に計算に取り組むには，基礎的な知識・技能の習熟は大切である。計算が得意な子にとっては習熟の場は楽しい場となる。ところが苦手な子にとっては，ドリルを自分で行うことすら難しい。その場こそ教師の指導力が大きく影響する。例えば，目的のために計算を使う場を創るなど楽しく計算に取り組める工夫が必要になってくる。また，個別最適な学びと協働的な学びを習熟の場でもうまく取り入れていくことが大切である。

計算の授業づくり

■1年生の計算指導の本質■

「10をつくる」を学級文化にする

大野　桂

◆「10をつくるよさ」の感得

　1年生では，数の理解と計算の仕方を考える上で，「10をつくる」ことは極めて重要である。だから私は，子どもが主体的に「10をつくるよさ」を見出せるように系統的な学びを構築し，「10をつくる」ことが学級文化になるまでにした。その具体例を示す。

■3口のたし算

① 計算を簡単にするために10を作る

　「3口のたし算」の場面では，次の課題に取り組ませ，「10をつくることのよさ」を見出させる指導に取り組んだ。

> りんごが3つのかごにのっています。3つめのかごにいくつのリンゴがのっていたら，あわせたリンゴの数が求めやすくなる？

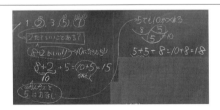

　3つのかごにのっているリンゴの合計を求めるという課題である。1つのかごだけ，乗っているリンゴの数は示さずに，「いくつだったら，3つのかごのリンゴを合わせた数が求めやすい？」と問うてみた。子どもたちは，試行錯誤で数値をあてはめていきながら，

「2と5がいい」と見出した。その理由は板書に示した通り，10ができれば，10+5，10+8になって簡単と，10をつくるよさを見出した。

② 「数を分けて10をつくる」を見出す

> お団子を，何回かに分けて食べました。ぜんぶでいくつ食べたかが，簡単に分かる式は，どれかな？

　短冊にかかれた式を次々と提示。子ども達はその式をみて，板書左側のように，「10がつくれるからラッキー」と見出していった。

　次は，板書中央に示す10をつくることができない式「8+5+7」を提示した。もちろん最初は「10がつくれないからアンラッキーだ」と述べていた。ところが，しばらくすると，板書に中盤に示すように，「4回に分けて食べるとダブルラッキーだ」と言い出した。そして，板書右側に示す「5を2と3にわけることで10がつくれる」という「数を分ける」方法を見出し，計算の仕方を構築していった。

　繰り上がりのあるたし算の導入授業は，普

48

通は2口のたし算で行うが，私は上で示すように3口のたし算で行った。その理由は，板書にも示されているが，次の式に示す「ダブルラッキーになる」という感動的な気づきが生まれると想定していたからである。

$$8 + 5 + 7$$
$$\rightarrow 8 + 2 + 3 + 7$$
$$\rightarrow \quad 10 \quad + \quad 10$$

そして，この感動的な気づきが，「数を分けることで10をつくる」という方法を必然的に生み出すことに繋がると考えたからである。このような「数を分けて10をつくる」という方法を必然的に引き出すことは2口のたし繰り上がりのあるたし算を扱ったのである。

■繰り上がりのある足し算

短冊に書かれた式を赤い画用紙に隠し，短冊を引き出しながら式の数値を少しずつ見せていった。「8＋」まで引き出したとき，「次の数が2だったらラッキー」と見出し，さらに短冊を「8＋7」が見えるところまで引き出すと，「次の数が2，3ならラッキー」「5ならダブルラッキー」と見出した。

子どもたちがたびたび発する「ラッキー」とは「10がつくれる」という意味であるが，私のクラスではこれまでの系統的な学びから，「10をつくる」が学級文化になっていることが分かるだろう。

続けて短冊を全てを引き出すと，これまで継続して学習してきた3口のたし算ではなく，「8＋7」という2口のたし算になっている。

普通なら，繰り上がりのあることに直面し子どもは立ち止まるはずである。ところが，「10をつくる」が学級文化になっている上に，ダブルラッキーの際に，「数を分けて10をつくる」という方法も見出してきた子どもたちである。私がなんの発問をせずとも，「8＋7もラッキーにできる」といいだし，意識的に10がつくれるように数を分け，難なく繰り上がりのあるたし算の計算を進めていた。

■計算のきまり

1年のたし算では，「たす数が大きくなれば答えも大きくなる」という，たし算のきまりを使って柔軟に計算できることも大切である。

そこで，「だいたいいくつかな？」と発問し，「18＋9」の指揮を提示した。多くの子どもたちは，「だいたい28」と述べた。その理由を問うと，「9を10としたほうがたし算は簡単だから，18＋10にした」という10をつくるよさを述べた。

ここで，「ほんとはいくつなの？」と問うと，「9を10にするとき1たしたから，答えが1大きくなった。だから，だいたいの28から1ひいて，正しい答えは27」と述べた。

このように，子どもたちは，学級文化の「10をつくる」を発揮し，「たし算のきまり」さえも，必然的に自分たちで見出したのである。

これからの計算の授業

▌ 繰り下がりのあるひき算の授業づくり ▌

「10をつくる」が学級文化となった子どもたちとの「繰り下がりのあるひき算」の指導の実際

大野 桂

『1年生の計算指導の本質』で，「たし算」の学習を具体例に「10をつくる」を学級文化にすることの重要性をして述べた。ここでは，その続きとして，「10をつくる」が学級文化になっている子どもたちが，「繰り下がりのあるひき算」に関連する学習をどのように進めていったかについて述べる。

■3口のひき算

「3口のひし算」も，「繰り下がりのあるひき算」への接続を意識して，子どもに「10をつくる」を見出させる授業に取り組んだ。

> 13個のおだんごがあります。先生は○個，みんなは□個食べました。
> 13−○−□
> このひき算をできるだけ簡単にするには，みんなはいくつ食べればいいですか？

まずは，私が「1個食べる」に設定した。すると，子どもたちは「2個食べる」といい，「13−1−2＝13−3」と，答えが10になることで計算が簡単になるよさを述べた。

次は，私が「7個食べる」に設定。子どもたちは「3個食べる」といい，「13−7−3＝13−10」。さらに，繰り下がりのあるひき算に直結する「13−3−7＝10−7」と，式中に10をつくると計算が簡単になるよさを見出した。

■繰り下がりのあるひき算

短冊に書かれた式を赤い画用紙に隠して黒板に掲示し，「紙に書かれた式はラッキーかな？」という発問で授業を開始した。

短冊を少しずつ引き出しなが ら式の数値を見せていった。そして「13−8」まで見えたところで止めた。

前時まで「3口のひき算」の学習をしていたからだろう，子どもたちはまだ式に続きがあると思って，「次の数が○ならラッキー」と言い出した。私はその発言を取り上げ，「この後がどんな数ならラッキーなの？」と，その話を聞くこととした

板書に示されて  いる通り，子どもたちは式中に「10をつくる」ことを行った。「3口のひき算」での学習が理解されていることが分かる子どもの姿であった。

話を聞き終えたところで，式の書かれた短冊をすべて引き出した。すると，式が「13−8」までしかないことが分かった子どもたちは，最初はラッキーになって

いないので「ガーン」といっていた。ところがしばらくして，何人かから「ラッキーにできる」という声が上がり，続けて「分ける」と言い出した。

私の想定通りである。「３口のたし算」と「繰り上がりのあるたし算」の学習で，「分けて10をつくる」ことを見出した子どもたちだったので，この場面でも「10つくるために数を分ける」を使いだすと思っていたが，やはりそうであった。ここで，少しとぼけながら，「分けるって，何を分けようと思っているの？」と問うと，多くの子どもは「8を分けるとラッキーができる」と反応した。

その方法を問うと，板書に示した減減法であった。「２口のひき算」を，数を分けて2回に分けてひくという「３口のひき算」にす

る方法を見出したのである。そうすることで10を作り出したのだ。「ラッキーをつくりたい」という子どもたちの強い思いから，「３口のひき算」の学習での10をつくることのよさと，「３口のたし算」の学習で見出した「分ける」ことのよさが意識的に想起され，自分たちの力で減減法を見出したのである。

「13を分ける」という，板書に示した減加法を見出す子どももあらわれた。しかし，

「たし算とひき算が混じっているからわかりづらい」という理由から，それほど減加法は好評を得なかった。これは「３口のひき算で10をつくった」という既習が強烈だったことを意味している。そういう意味では，減加法の価値を見出す既習も必要であることが反省として残った。

■計算のきまり

１年のひき算では，「ひく数が大きくなると答えは小さくなる」という，ひき算のきまりを使って柔軟に計算できることも大切である。

そこで，「だいたいいくつかな？」と発問し，「28−9」の式を提示した。多くの子どもは，「だいたい18」と述べた。理由を，「9を10としたほうがひき算は簡単だから，28−10にした」という10をつくるよさを述べた。

「ほんとはいくつ？」と問うと，「10ひいたということは1おおくひきすぎで，答えは1小さくなっている。だから，正しい答えは，だいたい18に1をたして19」と述べた。

このように，学級文化の「10をつくる」を発揮し，「ひき算のきまり」さえも，必然的に自分たちで見出したのである。

計算の授業づくり

単位や基準を捉えて、いくつ分で数を捉える

田中英海

1 2年生「数と計算」の本質

2年生の計算授業の本質は，単位を捉えて，そのいくつ分で数を捉えることである。例えば「1000までの数」の数の単元でも，100が10個で1000と単位を決めて相対的に数を捉える。単位を決めていくつ分で数を捉える見方を大事にして計算の授業を行いたい。

2 加減の筆算は，「単位の考え」

(1) 位をそろえて，単位ごとに計算する

小学校における加減の学習のゴールは，第5学年の異分母分数の加減になるだろう。通分して計算する手続きは，単位をそろえて，単位分数のいくつ分を計算することである。同単位の数で加減ができる原理をつかませていきたい。

筆算の表現は教師が教えるものであるが，10のまとまりとばらを分けて計算するよさを感じさせておくことで，筆算形式のよさを子どもがつかめるようになる。まとまりや位で分けることは，単位で分けていることに他ならない。

❶のような筆算を経て，❷のように簡素化した筆算へつなげていきたい。また，10や1

を単位として計算していることを実感させるためには，10がいくつで何十になるという相対的な見方が大切になる。❸のような問題の筆算では，「位がそろっていない」という発言に対して，どうして位をそろえる必要があるのかと問い返したり，図に表したりして位ごとに数の単位が違うことを意識させたい。

位ごとにそろえて書き，分けることで，手続きとして1位数同士の計算にしている。位で分けると1年生で習った計算にできたという既習に帰着して考えることができた実感をもてるような価値づけをしたい。

(2) くり下がりも単位を意識させる

くり下がりの計算では，手続きよりも位ごとに数の大きさを表す十進位取り記数法の原理と単位を意識させたい。

十の位の1を一の位で10に変えるくり下がりの説明をする時，「両替」という言葉を使う子がいる。実際，2年生の子に買い物や両替する経験があるのかは怪しいが，10あげてや，10借りてきて（借りた物は返すので，もらっての方が適切）など処理を子どもなりの言葉で明らかにしていく。❺のような波及的

繰り下がりでは，百の位から1繰り下げて，十の位から1くり下げると十の位が9になってと複雑である。ブロックなどを使って，単位を意識させて1繰り下げる意味を押さえたい。

❺のような十の位が空位の時には，百の位から一の位に10をもってくるという反応がある。一見，間違った処理にも思えるが，100を90と10に分けてという見方ができれば❻のように$15-6=9$，$90-80=10$　答えが19となる。❹でも85を70と15に分けたり，十の位の8を7と1に分けたりできる。そうすると一の位は$15-9$，十の位は$70-60$とみることができる。数を分ける見方をもたせておくことも，くり下がりの手続きの意味をつかませるために有効である。

また，単位の考えは，C「測定」領域の長さやかさにおいて，量の加法性を確かめる際にも活かされている。mとcm，LとdLなどの単位は，1つ分の大きさが決まっているからそのいくつ分で数えられる。同単位同士だから足したり引いたりする計算ができることを筆算の学習を想起させて関連付けたい。

3 かけ算は，「演算のイメージ」と「きまり」

「ゴーカートに乗っている全部の人数は，1台に4人ずつ6台分で24人です。このことを$4×6=24$と書きます」と（1つ分）×（いくつ分）＝（全体）としてかけ算の意味指導をする。

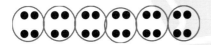

$$4×6=24 \quad 4+4+4+4+4+4=26$$
（人）（台）（人）　　　　　　　　　　（人）

既習のたし算やひき算と違い，異種の数を組み合わせた式表現であることが新しい。いつも場面絵を見せるのではなく，文が表す絵や図を描く活動を入れていきたい。1つ分のまとまりが全て同じで，同じ数のまとまりがいくつあるのかというイメージを育てていく。

時にかけ算の式の順序が問題になる。答えを求める計算だけが目的であれば式の順序は関係ない。一方，算数の教科特性として，既習事項を基に新たな知識や技能を創り出すこと，論理的に考える資質・能力を育てることをねらうと，前提や根拠を明らかにして考察を進めることが大切である。授業で友達と話し合い，協働的に学ぶための共通言語として，かけ算の意味や"場面を表す"式が必要である。答えを求めるための式から，場面やお話を表す式，数量や数量の関係を表す式へと理解を深め，問題解決にかけ算の意味を生かす姿を価値づけ，5年乗法の意味の拡張にもつなげていく。（九九の構成・きまりは次頁）

4 分数は，「分割操作とその逆の倍」

$\frac{1}{2}$，$\frac{1}{4}$などは，元の大きさを等分した大きさを表す表現として導入する。分割操作が強調されるが，等分した大きさがいくつで元の大きさになるかを大事にしたい。

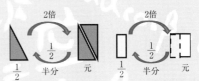

基準を変えると関係を表す倍や分数が逆になる見方に触れておく。

これからの 計算の授業 ＋×Σ÷∏−!±＝

▌ かけ算の授業づくり ▌

きまりを見いだし，きまりを使う
計算の仕方を創り出すことを

田中英海

① きまりを見いだし，使う

　本稿では，２年のかけ算，３年のかけ算の筆算，×（整数）のかけ算の授業づくりについて述べる。学年を越えて貫く見方・考え方は，計算のきまりを見いだすこと，きまりを使って計算の仕方を考えることである。そうした見方・考え方を働かせることで，数の範囲が広がっても，きまりを使えば既習の計算で考えられるという態度を醸成することができる。これは小数や分数の乗除も既習の整数の計算に帰着して考えようとする態度を育てることにつながる。

② ２年「かけ算」の授業づくり

（1）かけ算の意味をつくり，式で表す

　場面や図を関連づけて式に表すことで，１つ分を単位として，幾つあるのかを考えていく。教科書導入での遊園地の乗り物に乗っている人数を表す場面がある。その中で，同じ人数のまとまりだけでない乗り物がある。

○の中の数字が人数を表すとする

3＋3＋3＋3＋2＋4　　3＋3＋3＋3＋3＋3＝3×6

かけ算で表せない⁉→３人ずつにかえる

　４人のうちの１人が，２人の所に移動すれば3×6にできるという反応がよくある。この時，3＋3＋3＋3＋2＋4＝3×4＋2＋4と表せることにも触れておくといい。総合式の学習は４年であるが，２年生でも式から場面の様子を読むことはできる。また，こうした式表現に触れておくことで，結合法則の考え，分配法則の考えにもつなげることができる。

（2）きまりを見いだすために表現を授ける

　かけ算の答えは，同数累加でもとめる。4×6＝4＋4＋4＋4＋4＋4と，たす数が増えていくと面倒くささを感じるようになる。答えを出すことが大変だという実感があると九九を暗記する必要性や，かけ算の性質に着目するよさが生まれてくる。例えば，4×6は，4×5より４多い。４ずつ増えていくなどの説明を，4×6＝4×5＋4と表現したり，式を上下に並べたりしていく。かける数が１増えると，かけられる数だけ増えるという式同士の関係が見えやすくなる。こうした表現は教師が必要に応じて教えていく。

4×5	＝	20	かける数が１ふえる
↓１増える	↓＋4		かけられる数の分
4×6	＝	24	ふえる

　先にあげた式表現を扱っておくと，4×6＝4×2＋4×2＋4×2とも表す反応も出やすい。（　）を使ってもよいし，網掛けのようにチ

ョークでまとまりを見えやすくなるようにするだけでもいい。(4×2)×3と結合法則につながる式も出てくる。また，右のような表現を教えることで，分配法則の考えにもつながる。

	$4 \times 4 = 16$
$4 \times 6 <$	$4 \times 2 = 8$
合わせて	24

(3) きまりとすること，使うこと

子どもがかけ算の性質を見いだした時，「いつでもいえるのかな？」と教師が問うことが大事である。いくつかの段で同じように成り立つかを意識させたい。5，2，3，4の段の学習の中でも，交換法則（かけられる数とかける数を入れかえても答えが同じ）に気付く子もいるだろう。どんなことがいえるかキーワードをつけておくと，その視点をもって，他のかけ算でも同じようになるか捉えようとする。実践では交換法則をくるりんぱと言った子がいた。複数事例で成り立つことを確かめて，学級で見つけたきまりとしたい。

また，新しい段の九九をつくる時に，見いだしたきまりを使おうとしているかに注目したい。その姿に対して，「どうしてそうしようと思ったのか？」「きまりを使うといいことがあった？」と発想やよさを問い返したい。既習のかけ算や簡単なかけ算にして考えることができたということを意識させたい。8，9の段では，自分でかけ算九九の答えを導き出せるといい。本誌の裏表紙は，見つけたきまり（★）を使って考えた9の段のつくり方の作品である。

3 3年「かけ算」の授業づくり

3年の始めの単元には，2年で見いだしたきまりをまとめる。きまりを使って，数が大きくなった「2，3桁×1桁」，「2，3桁×2桁」を計算の仕方を創り出し，筆算形式でまとめていく。主には分配法則の考えが生きてくる。分けると既習の九九でできる（❶）というよさを感じさせておけるとよい。

筆算単元の導入では，20×3や5×20など何十，何百を扱う。20×3を例にすると「0を隠せば2×3になるから後で0を付ける」という形式的な説明をよく聞く。0を隠すとは何を意味するのかを考えたい。10のまとまりが2つ，かけられる数を10倍，100倍すると答えが10倍，100倍になる性質（❷）を見いだし，きまりとしてまとめておく。

24×3を考える時，❶と❷の考え方を使えば，既習のかけ算になる。そして，たし算の筆算と比較をしながら，かけ算の筆算の形式を教える。

$24 \times 3 <$	$20 \times 3 = 60$
	$4 \times 3 = 12$ ＝72

```
  24          24
+ 24        ×  3
+ 24        12 … 4×3
  12        60 … 20×3
   6        72
  72
```

×2桁の筆算は，×1桁の筆算の10倍（❷）という見方ができるとよい。12×24を考える時，乗数を20と4に分けて考えると（❶）2桁×1桁の筆算を2つにできる。

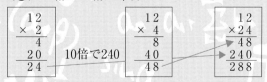

```
  12              12            12
×  2            ×  4          ×24
   4   10倍で240   40           48
  20              40          240
  24              48          288
```

見いだしたきまりを使って既習のかけ算に変えていくことが大切である。計算の仕方を考えようではなく，今までのかけ算で考えることができるかな？という一貫した態度をもたせる課題設定が大切となる。

分けて，まとまりごとに計算する

中田寿幸

1 1年から10のまとまりを作って数え，計算してきている子どもたち

1年生は1つのブロックに1つの数詞を一対一対応させながら「1，2，3……」と数え上げていく。

10をこえる数になると，10とバラがいくつかというように分けて，10のまとまりを作ると数を把握しやすくなることを学ぶ。日本の数詞は10のまとまりをそのまま表現していてわかりやすい。

10のまとまりを作り，それをさらに10のまとまりにして数えていくと，数が大きくなっても10個の数字だけで表すことができる。これは十進位取記数法であって，4年生の大きな数まで続いていく。3年生から学習する小数でもこの十進位取り記数法の考え方で統合されていく。

それぞれの学年で扱う数の範囲が広がっていき，その数を使って行う計算も広がっていく。その際，繰り上がりや繰り下がりが出てくると十進位取り記数法の見方で数を捉え，10のまとまりができると位を1つあげていくことを学んでいく。万の位まで桁数が増える3年でも位ごとに10のまとまりを作って位をあげていくことを繰り返せば，同じように計算ができることを学ぶ。

計算は数が増えても，確実に数を数え上げる方法を考えていく場である。計算をしながら，数を捉え直していく。

2 意図的なまとまりを作って数えあげるかけ算

2年の後半でかけ算九九を学ぶ。それまで数は10のまとまりを作っていくことを学習していたが，10のまとまりでなくても，同じ数のまとまりを作っていくと数が把握しやすいことを学ぶ。

この意図的にまとまりを作って数えることは1年のころから行っている。

1年の最初の学習は，教科書に出てくる動物や虫，花を同じ仲間にまとめて，仲間ごとに数を数えていくことである。

10までの数では例えば6という数を色ごとに分けた6個のボールを5個と1個，4個と2個，3個と3個，2個と2個と2個のように分解して「6」という数を理解していくこともしていく。

2個ずつ，5個ずつ数えていくと数を早く確実に数えることができることも学ぶ。

そして2年の後半には同じ数ずつまとまっていれば，全体の数を把握し

やすくなることをかけ算として学んでいく。かけ算九九は覚えることで，全体の数がすぐに分かる便利な数え方である。

3年ではかける数が1桁ではなく，2桁以上の数でも，位ごとに「分ける」ことで，かけ算九九を使って答えを出していく方法を見出していく。

かけ算の部分積が2段になっていくのは，かける数を位ごとに分けているためである。また，部分積が階段状になっていくのは，かける数が何十，何百と0のつく数になっているからであることを理解していく。

かける数だけでなく，かけられる数も分けて部分積を書くと，繰り上がりを考えなくてすむ。ただし，部分積の数は増えてしまう。筆算の形式を教える過程で見せたい形である。

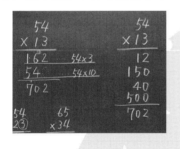

３ 分けて，まとまりを作って数を把握していくわり算

かけ算の逆算であるわり算を3年では学ぶ。

かけ算は（1つ分の数）×（幾つ分）＝（全体の数）計算であり，その逆算のわり算は（1つ分の数）と（幾つ分）を求める計算となる。

（1つ分の数）を求めるのが等分除であり，（幾つ分）を求めるのが包含除である。

わり算は意図的にまとまりをつくりながら，まとまりの数をとらえたり，そのまとまりが幾つ分あるのかで全体の数をとらえたりする計算である。

４ 基になるまとまりが広がる第3学年

整数の加減乗除以外に，第3学年の計算授業は次の単元にある。

　小数のたし算とひき算

　分数のたし算とひき算

　長さ，時刻，重さのたし算とひき算

（1）小数のたし算とひき算

0.1を単位にしていくつあるかを考えると整数の計算と同じで十進位取り記数法になる。

（2）分数のたし算とひき算

3年の分数は単位分数である。単位が同じでない場合は計算はできない。分数も例えば $\frac{1}{5}$ L を単位に考えて，$\frac{1}{5}$ L がいくつ分あるかを考えれば，整数と同様に数えられる。

単位となる数が1なのか，10なのか，100なのか……0.1なのか，$\frac{1}{5}$ なのかと考えるとどれも整数と同様に数えられる。

（3）測定の領域（長さ，かさ，重さ，時間）も同様に計算できる

長さ，かさ，重さは単位をつけて計算する。同じ単位同士ならば，整数と同じように計算ができる。

時間の計算は十進位取り記数法になっていないので難しい。整数と同様に，時間の位，分の位，秒の位に分けて，位ごとに計算できる。60秒で分の位に繰り上がり，60分で時間の位に繰り上がるのも，整数と同じと見ることができる。

これからの
計算の授業

▌ わり算の授業づくり ▌

わり算はかけ算の逆算である

中田寿幸

1 2つのわり算，等分除と包含除

わり算は全体の数を分ける計算である。しかし，その分け方は2種類ある。

1つは，全体の数を等しく分ける数が分かっているときに，1つ分が幾つになるかを求めるわり算である。これが等分除である。「15個のあめを3人で同じ数ずつ分けます。1人分は何個になりますか」という場面になる。

もう1つは，全体の数を1つ分が分かっているときに，幾つ分できるかを求めるわり算である。これが包含除である。「15個のあめを3個ずつ分けます。何人に分けられますか」という場面になる。

2 わり算はかけ算の逆算である

2年のかけ算の学習で，かけ算の式は
（1つ分の数）×（幾つ分）＝（全部の数）
になることを学習している。この関係を使って，わり算が等分除と包含除の2種類あることを区別できるようになる。

かけられる数である（1つ分の数）を求めるわり算が等分除である。「15個のあめは3人で等しく分けると1人分が5個になる」という場面になる。

かける数である（幾つ分）を求めるわり算が包含除である。「15個のあめを3個ずつ分けると5人に分けられる」という場面になる。

2つのわり算を区別した後に，等分除を分け算（等しく分けられるので，分けられる子どもは笑顔になっているのでニコニコ算），包含除を取り算（同じ数ずつ分けていって，自分の分があるかどうか心配なのでドキドキ算）などと子どもと名前をつけて区別していく方法もある。

高学年になると等分除は（1つ分の数）を求める単位量を求めるわり算となる。そして，包含除は（1つ分の数）を元にして（幾つ分）あるかを考える割合を求めるわり算となる。

3 等分除と包含除の指導順

わり算を「分ける」計算と捉えると，等分除の方が子どもにとって「分ける」イメージそのものである。そのためか，現在使われている教科書では，すべての教科書で，包含除よりも先に等分除の場面を扱っている。

包含除は（1つ分の数）をとっていきながら，最終的に（1つ分の数）ずつ「分けた」形となる。包含除のよさは操作の方法が1つになることである。15個のあめを3個ずつ分けていく操作は1つだけである。

○○○　○○○　○○○　○○○　○○○

ところが等分除は分け方が複数出てくる。

15個のあめを3人に分けるときに，教科書では1個ずつ3人に配ることを5回繰り返すように図で表されている。しかし，実際に子どもに操作させると，最初から5個とって，1人目に置き，次にまた5個とって2人目に置き，残った5個を3人目に渡すという操作をする子どもがいる。この操作の仕方は包含除のときと同じである。等分除と包含除を統合したいときには，この「同じ操作でもできる」場面を示すことで統合できるよさがある。包含除から導入すると操作の仕方が1つに絞れるというよさに加え，「かけ算九九」を使えば，わり算の答えが求めることがストレートに子どもたちに伝わるよさがある。

15個のあめを3個ずつ分けると何人に分けられるかを考えるとき，次のようなかけ算になる。3人分では3×3＝9

4人分では3×4＝12

5人分では3×5＝15

3個ずつ分けるときには3の段のかけ算九九で考えればよいことが分かる。

ところが等分除では次のようになる。

1人分の数が3個のときは3×3＝9

1人分の数が4個のときは4×3＝12

1人分の数が5個のときは5×3＝15

これもかけ算3の段で答えを求められるとまとめていきたいが，できるかけ算が3の段ではないので，理解していくときにワンクッション必要になっていく。

子どもの「分ける」イメージにストレートな等分除から入るか，操作のしやすさ，答えを求める方法のかけ算九九の段の見出しやす

さから包含除で導入するかどちらを選ぶかはこれからも意見の分かれるところであろう。

4 あまりのあるわり算

「12個のあめを□個ずつ分ける。何人に分けられるか」という問題を考える。

2個ずつ分ける　12÷2＝6

3個ずつ分ける　12÷3＝4

4個ずつ分ける　12÷4＝3

6個ずつ分ける　12÷6＝2

飛ばした数「5個ずつには分けられないのだろうか」というのが問いになる。

「5個ずつは分けらない」という子どもがいる。「いや，2人には分けられる」「12個全部は分けられない」「ピッタリには分けられない」「余りが出ちゃう」と子どもは表現する。

ここで，12÷5＝2あまり2という表し方を教える。12÷5＝2のままでは成立せず，「あまり2」をつけて式になることを教える。

5 答えがすぐには見えないわり算

たし算，ひき算，かけ算は式に対して，アルゴリズムに従っていくと答えが1つに決まっていく。しかし，わり算はわる数のかけ算で答えを探していく過程が複雑になっていく。数感覚が高まっていない子どもにとって，かけ算九九の答えの中からわり算の答えを見出していく過程は一直線ではない。見当をつけながら，修正しながら答えに近づいていく。この修正していく過程を授業の中でも意識して取り上げていくことで答えを出す過程が見えるようになっていく。

計算の授業づくり

盛山隆雄

4年生の計算指導の本質
数の見方と計算の性質

1 4年生の計算指導の内容

4年生では，次の計算内容を学習する。

- 整数の除法
- 小数の加法，減法
- 乗数や除数が整数である場合の小数の乗法及び除法
- 同分母の分数の加法，減法

こういった内容の中で，4年生の計算内容の中心に位置づいているのは，整数の除法である。整数の除法の内容をもう少し詳しく見てみると，次の事項を身に付けることになっている。

① 除数が1位数や2位数で被除数が2位数や3位数の場合の計算が，基本的な計算を基にできることを理解すること。また，その筆算の仕方について理解すること。
② 除法について次の関係を理解すること。
　(被除数)＝(除数)×(商)＋(余り)
③ 除法について成り立つ性質について理解すること。

この3つの中で私が注目するのは，①と③の内容である。この2つの内容の本質について考えてみたい。

2 整数の除法を支える数の見方

小学校学習指導要領（平成29年告示）解説算数編（以後「解説算数編」と示す）には，整数の除法の計算の仕方に関して，次のような記述がある。

「除数が1位数や2位数で被除数が2位数や3位数の場合の除法の計算の仕方を考えていくには，例えば75÷3の75を70と5や60と15とみたり70を10の七つ分とみたりするなど第3学年で学習した計算の仕方を考える際の数の見方を生かすことができる。」

このように，除数の75を70と5とみる分け方は，10のかたまりと1のかたまりに分けていることになる。さらに分けた結果できた70という数は，数の相対的な大きさについての理解を活用して，10を単位に見ると7である。したがって，実際には，7÷3＝2あまり1という計算で処理をする。1桁÷1桁のあまりのあるわり算，これが「基本的な計算にできる」意味である。

ただし，このとき，例えばあまり1の意味を10が1ことみなすことができなければ，計算ミスにつながる。10を単位に見ているので，あまり1は10が1こ。だから，あまりの10と5で残りが15。この15を3でわるので，15÷3＝5。20＋5＝25と商を導くことができる。

また，「解説算数編」には次のような記述もある。

「96÷24の計算についても，90÷20とみたり100÷20とみたりすることで，商の見当を立てるなど，既習の計算を用いることができる。」

筆算で商の見当を立てるときには，数をまるめて概数にする。上の式で言えば，9÷2や10÷2と基本的な計算を基に簡単に商の見当を立てることができるのだ。

3 整数の除法を支える計算の性質

除法の計算の仕方を考える際，欠かせない重要なものに計算の性質がある。「解説算数編」には，次のように述べられている。

「除法に関して成り立つ性質を用いると，計算の工夫を考えることができる。例えば，6000÷30の計算は除数を10で割ることで，600÷3として考えることができる。また，300÷25の計算は除数と被除数に4をかけることで，1200÷100と考えることができる。」

この除法に関して成り立つ性質は，除数及び被除数に同じ数をかけても，同じ数で割っても商は変らないという性質である。式で表すと次のようになる。

$a \div b = c$ のとき，

$(a \times m) \div (b \times m) = c$

$(a \div m) \div (b \div m) = c$

この性質は，商が同じになる除法の式をいくつもつくることで，子どもに気づかせ，帰納的に考えさせることで，「わり算のきまり（性質）」として言葉でまとめていくことが大切である。

4 除法の性質はこれだけでいいのか

実は，長年課題に感じていることがある。それは，別の除法に関して成り立つ性質についてである。

① $(a \times m) \div b = c \times m$

$(a \div m) \div b = c \div b$

② $a \div (b \times m) = c \div m$

$a \div (b \div m) = c \times m$

「解説算数編」には，「児童の実態に合わせて取り上げてもよい」と述べられているが，教科書ではほとんど扱われていない。

ところが，5年生の整数÷小数の場面で多くの子どもが考える計算の仕方がある。

例えば96÷1.6といった計算である。この計算の仕方を考える場合，除数の1.6を10倍すると，96÷16になる。96÷16＝6とし，除数を$\frac{1}{10}$にして0.6と商を導く。

子どもたちは，無意識に間違った除法の性質を使っている。小数のかけ算から類推して，10倍にしたのだから，$\frac{1}{10}$にするといった論理である。

このような間違いを防ぎ，子どもたちの考えを尊重するためにも，除法に関して成り立つ性質をきちんと扱い，指導することが大切であると考える。

この指導の仕方については，次頁の式と計算の授業づくりで紹介しているので，参考にしていただきたい。

4年生における計算授業の本質としてあげたのは，整数の除法を支える数の見方と除法の性質である。

これからの
計算の授業

▌ わり算の授業づくり ▌

わり算の性質

盛山隆雄

1 分ける人数が増えれば一人分は減る

4年生のわり算の性質に関する授業場面で，次のような問題を出した。

> ○このいちごがとれました。このいちごを何人かで等分します。
>
> 2人で分けたら1人分が48こでした。同じ数のいちごを4人で分けたら1人分はいくつかな？

このとき，下のように式に表して説明する子どもがいた。

「わる数を2倍にすると，答えも2倍になるから，答えは96です。」

$$○ \div 2 = 48$$
$$\downarrow \times 2 \quad \downarrow \times 2$$
$$○ \div 4 = 96$$

これは，明らかにミスコンセプションである。ところが，これで正しいと思っている子どもたくさんいたので，この式の事実をそ

のまま話してみた。

「4人で分けたら1人分のいちごは96個ということですね。」

すると，次のように話す子どもが現れた。

「えっ，おかしいでしょ。2人で分けた数より4人で分けた数が増えるわけないよね。」

この指摘でこの96個という答えが間違いであることに気がついた。そこで，次に，

「多くの人が，どうしてこのように考えたと思いますか？」

と問いかけた。すると，次のような解釈が出てきた。

「前の時間に，わられる数が2倍になると商が2倍になることを習っていたから，同じようにわる数が2倍になると商が2倍になると考えたと思います。」

$$48 \div ○ = 6 \qquad ○ \div 2 = 48$$
$$\downarrow \times 2 \quad \downarrow \times 2 \qquad \downarrow \times 2 \quad \downarrow \times 2 ?$$
$$96 \div ○ = 12 \qquad ○ \div 4 = 96$$

2 分ける物の数が増えれば一人分は増える

実は，前の時間に下のような問題を扱っていたのである。

> 48このいちごを○人で等分したら
> 1人分は6こでした。
> 96このいちごを同じ○人で等分したら
> 1人分は何こでしょうか。

この問題では，次のように○の数を求めてから，96個のいちごを○人で等分したときの1人分の数を求める子どもがいた。

48 ÷ ○ = 6　だから，

48 ÷ 6 = 8　人数は 8 人。

96 ÷ 8 = 12　で 1 人分は12個

しかし，多くの子どもたちは，

「分ける人数が変わらないのだから，いちごの数が 2 倍になったら 1 人分の数も 2 倍になります。だから，6 × 2 = 12で 1 人分は12個だと思います。」

と考えて答えを出した。この考えを下のように図に表して説明する子どももいた。

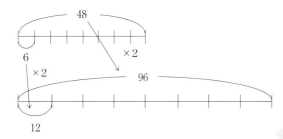

3 場面に戻って考察すれば，当たり前であると理解する

先ほどのミスコンセプションは，この前時の学習から類推して生まれたものだった。

さて，本時の展開に戻るが，次のような考えも発表された。○の数を求めて 1 人分の数を求める方法だった。

○ ÷ 2 = 48　だから，

48 × 2 = 96　○ = 96。

96 ÷ 4 = 24　で 1 人分は24個。

この考えによって，1 人分は24個であることがはっきりした。

さらに，先ほどのわり算の性質を用いようとしたミスコンセプションを修正しようとする考えが発表された。

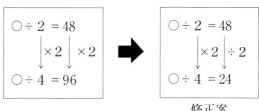

修正案

「わける人数が 2 人から 4 人になったら，1 人分の数は半分になると思います。当たり前だよね。」

「図で見るとわかりやすいです。2 等分の数をさらに半分にすると 4 等分の数になります。」（図で考察）

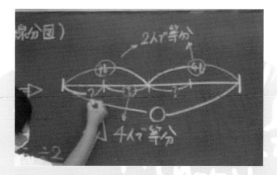

このようにして，ミスコンセプションを乗り越えていった。そして，わり算の性質についての理解を深めることになったのである。

本実践で扱ったようなわり算の性質は，5 年生の小数のわり算や 6 年生の分数のわり算の計算の仕方の考察に活きてくる。「わられる数とわる数に同じ数をかけても，わられる数とわる数を同じ数でわっても商は変らない」という性質の学習だけでなく，わられる数と商，わる数と商の関係についても取り扱うべきと考えている。

計算の授業づくり

青山尚司

1 はじめに

小学校6年間の算数の学習の中で，5年生は，これまでの既習をつなげるために新たな見方・考え方を働かせる必要感が多く生まれる学年である。

例えば，そのままでは面積を求めることができない図形を，これまでに学習した求積公式が適用できる形に変形したり，一方の量だけでは比べられない場面で，2量の関係から相対的な大きさを見いだして比較をしたりと，これまでの学習を適用するだけでなく，適用できるように，数や図形（またはその見方）を，調整すること自体が，学びの本質として重視されるようになる学年といえる。このことは，以下に述べるように，計算の学習においても顕著である。

2 乗数や除数が小数の乗除法

5年生の計算学習の柱は2つあり，ひとつは小数の乗除法である。子どもは，4年生までに，（小数）×（整数），（小数）÷（整数）を学習してきたが，それらは乗数や除数が整数であるため，「いくつ分」という見方で，累加や累減の考えでも解決することができてしまう。計算の意味も方法も，整数の乗除法と大きく変わらないのである。

それに対して，5年生の学習では，乗数や除数が小数の場合について考えるため，「いくつ分」から，単位を1とみたときにどれだけにあたるかという，「倍」への意味拡張が不可欠となる。

例えば，（整数）×（小数）の学習で，1mが80円のリボンを2.4m買うときの代金を求める問題がある。子どもは，下のように数直線図等を用いて，2mと3mの間にある2.4m分の代金を求める演算として，長さと代金との比例関係を根拠にして，80×2.4という式を立てるであろう。

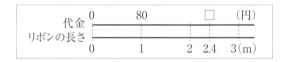

計算の仕方を考える場面では，2.4mが0.1mの24倍であることから，1m分の代金80円を10で割って0.1m分の代金を求め，それを24倍して2.4m分とする方法が引き出される。このことを子どもたちはよく次のように表す。

```
80  ×   2.4  =  192
↓÷10  ↓×10    ↕答えは同じ
 8  ×    24  =  192
```

被乗数である単価を$\frac{1}{10}$にし，乗数である小数値の長さを10倍すると，ちょうど同じ長さ

の値段に調整することができる。このような工夫を考えることによって，整数の計算にできるよさが実感されていくのである。

これまでの計算が，1を単位としていたことを再認識し，0.1や0.01といった下位単位を用いて考える新たな計算の仕方をつくり上げていくことが小数の乗除法における学びの本質といえる。

3 異分母分数の加減法

5年生の計算学習におけるもうひとつの柱は，異分母分数の加減法である。

子どもは単位分数の個数をもとにした，同分母分数の加減法を4年生で学習してきている。一般的に5年生では，約分や倍分で同じ大きさの分数を作る活動や，大小比較のための通分を学習した上で，異分母分数の加減法の仕方を考えていく。その際には，通分を形式的に用いるのではなく，もととなる単位分数の大きさをそろえて計算を可能にしているという意味の理解が大切となる。

例えば，$\frac{1}{2}$ L と $\frac{1}{3}$ L のジュースを合わせると何 L になるのかを求める問題がある。これまでの分数の加法では，$\frac{1}{5}+\frac{2}{5}$ のように $\frac{1}{5}$ という単位分数の大きさが同じであったため，分子を足して $\frac{3}{5}$ と求めていたのであるが，$\frac{1}{2}$ と $\frac{1}{3}$ ではもとになる単位分数が異なるため，そのままでは足すことが

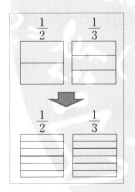

できない。そこで，$\frac{1}{2}$ を $\frac{3}{6}$，$\frac{1}{3}$ を $\frac{2}{6}$ と分母を揃え，$\frac{3}{6}+\frac{2}{6}=\frac{5}{6}$ と，既習の計算が使える形にする通分という調整がなされるのである。

このように，これまでに学習してきた，単位分数が同じ場合の計算のよさを見直し，分母をそろえて計算する新たな方法をつくり上げていくことが，分数の加減法における学びの本質といえる。

4 汎用的に働かせる見方・考え方を

小数の乗除法の学習も，分数の加減法の学習も，単位となる数を捉え直し，既習を適用できる形に直すという共通点がある。そのような，プロセスの共通点や既習とのつながりに，子どもたちが気付けるように授業を作ることによって，未知の問題に出会った時に，「何とかしたい」という思いを抱き，「どうしたらできるようになるのかな？」と自ら問い，「こうしたらできるようになる」と既習に帰着させる態度が子どもたちに備わっていくのである。

5年生で身に付けた，式中の数の見方を捉え直し，計算可能な状態に調整する力は，小学校の計算学習の集大成である，6年生の分数の乗除法を作り上げていく過程においても不可欠となる。

だからこそ，計算の仕方を覚えて答えを出すことだけでなく，計算の学習の本質につながる見方・考え方を，子どもたちが汎用的に働かせることができるように意識して指導を重ねていくことが大切なのである。

これからの計算の授業

小数の乗除の授業づくり

0.1にあたる大きさを求め，
活用する子どもたちの姿から考える

青山尚司

1 0.1をかける意味

　小数の乗除法の導入時，（整数）×（小数）の学習における子どもの実態である。「1 m 80円リボンを買います。＿mのねだんは何円ですか。」という問題を提示した。子どもたちは，場面を右のように図に表して構造を共有し，「1 m 分を＿m 分にするには，＿倍する

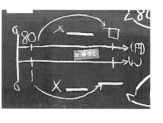

するから，値段も＿倍になる」，「下の長さが＿倍だから，上の値段も＿倍になる」という長さと値段の比例関係を根拠に，「80×＿＝□」いう式を立てた。そして，

・＿＝2（m）だったら，80×2＝160（円）
・＿＝3（m）だったら，80×3＝240（円）
・＿＝4（m）だったら，80×4＝320（円）

と，仮の長さを決めて，それを単価である80円にかけることで値段を求めていった。

　一般的な指導ではこの後，2 m と 3 m の間

にある2.4 m 分を求めるように展開していくのであるが，長さを示さずに提示したことによって，子どもは1 m の$\frac{1}{10}$の長さ，つまり0.1 m 分を求めることができそうであることに気付いたのである。

　「＿＝0.1だったら，1 m を10個に分けた1つ分だから，1÷10＝0.1で，値段も80÷10で8円になります」という発言をきっかけに，「さっきまではかけ算だったのに，わり算になった」，「問題にあるのは0.1だから，80÷10だと何か変」，「1÷0.1＝10だから，1 m 分を10で割ることになるから変じゃないよ」と議論が続いた。さらに，「かけ算にしたいなら，さっきやった80×2，80×3みたいに，1 m の値段に長さをかけるから，80×0.1になると思う」，「÷10が，×0.1と同じで，8円になるから1 m 分の値段より安い右になる」と乗法で表現しようとする姿が引き出された。そして，「÷10は$\frac{1}{10}$と意味が一緒で，0.1は$\frac{1}{10}$と同じだから，0.1をかけるのと10で割るのが一緒」という説明につながった。

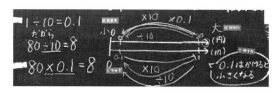

2 活用される0.1 m 分

　第2時は，「＿＝2.4（m）」の場合について考えながら，小数をかける計算の仕方を作っていった。計算の方法を話し合っていく中で，ある子どもが，2.4 m を2 m と0.4 m に分けて，80×2で求めた160円と，80×0.4で求めた32円を足して196円を求める方法を発言

した。これに対して，「小数をかける計算の方法を説明するために小数をかける計算が出てきたらおかしい」という反論があった。すると，「別に×0.4は，0.1 m 分を 4 倍するだけだから簡単じゃん」という意見が引き出された。そして，「それって，直接24倍した方がはやいんじゃない？」という気付きがあり，0.1 m を単位とすることで，あらゆる長さの場合を整数の計算で簡単に求められることが共有されたのである。

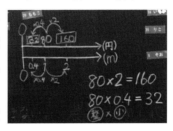

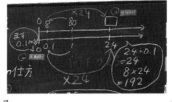

（第 2 時の詳細は，本誌142号特集「協働的な学びを支える「どんな「聞き方」ができる子どもにしたいのか（中・高学年）」をお読みいただきたい。）

3 今後の実践への可能性

第 1 時は0.1 m 分の値段の求め方，そして，0.1をかけることの意味について考える時間となった。通常の指導では，2.4 m 分の値段を求めるために0.1 m 分の値段を用いる姿を引き出すことをねらうのであるが，子どもからそのアイデアが出てこないという経験をしたことはないだろうか。しかし，「何 m だったら求めることができる？」と問うことによって，1 m 分から0.1 m 分にだったらできると考える姿が自然と引き出されるのである。

そこから子どもたちは，80×0.1は，80の$\frac{1}{10}$を求めることであり，答えは80÷10と同じになることを，対話を通して見いだしていった。そして，0.1 m 分の値段を第 2 時での解決に用い，さまざまな小数値の長さに対応できるよさを実感することができたのである。

最も簡単な単位小数である0.1 m 分を考えることは，分数の乗法で単位分数をかける計算から導入することとも共通する。小数の計算で十進法に基づく計算の仕方を丁寧に扱うことは，十進法にとらわれない分数の計算でも同じ構造と考えることにつながるのである。

また一方で，より0.1 m 分の値段を使いたくなる数値設定ができないかを本実践を通して考えた。例えば問題の数値を，「0.4 m で100円のリボンがあります。このリボン0.6 m 分の値段を求めなさい」とアレンジしたらどうなるであろうか。子どもは，まず0.4 m 分の値段100円を 4 で割って0.1 m 分が25円であることを求め，それを 6 倍して150円であることを考えるではないだろうか。また，100円を半分にして，0.2 m 分の値段50円を求め，それを 3 倍して，0.6 m 分の150円とする方法も考えられる。

これらは，小数をかける計算ではなく，小数や分数の乗除法の学習において必要な，単位を変換する見方・考え方を働かせることにつながる素地指導といえる。1 を単位とするのではなく，0.1や0.2といった，1 より小さい単位を基準として，簡単な整数の計算に調整することは，計算学習の本質につながる大切な経験であると考える。

▌6年生の計算指導の本質▐

式を楽しむ子どもを育てることを意識する

森本隆史

1 子どもたちが苦手なこと

6年生の子どもたちは，分数の計算をすることが苦手なわけではない。分数÷分数であっても，よく言われているように，その計算の仕方は「わる数をひっくり返してかければよい」と子どもたちは思っている。

$$\frac{2}{5}÷\frac{3}{4} \quad → \quad \frac{2}{5}×\frac{4}{3}$$

上のようにすれば，答えを求めることはできる。この「ひっくり返してかければよい」という知識は，授業をする前から多くの子どもたちがもっている。

しかし，そのような知識がある子どもも「どうして，わる数をひっくり返してかけるのか」については，ほとんどの場合，説明することはできない。教師が意識すべきことの一つとして，分数÷分数の学習が終わったときに「どうして，わる数をひっくり返してかけるのか」について，子どもたちが説明できるということを思い描いておく必要がある。

もう一つ子どもたちが苦手なことがある。それは演算決定である。例えば，

Ⓐ 1 dL のペンキでは $\frac{4}{5}$ m²ぬれます。

このペンキ3 dL では何 m²ぬれますか。

Ⓑ $\frac{4}{5}$ m²のかべをぬるのにペンキ2 dL を使います。このペンキ1 dL あたり何 m²ぬれますか。

という問題があったとする。ⒶやⒷは下のような図に表すことができる。

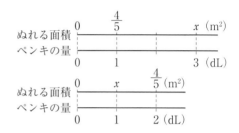

この図から，$\frac{4}{5}×3$ や $\frac{4}{5}÷2$ と式を立てることができる子どもは多い。しかし，

Ⓒ $\frac{2}{5}$ m²のかべをぬるために，ペンキ$\frac{3}{4}$ dL 使います。このペンキでは，1 dL あたり何 m²ぬれますか。

という問題があり，下の図があっても，子どもたちが $\frac{2}{5}÷\frac{3}{4}$ と立式することが難しい。

5年生の小数のわり算でも「0.8 m²のかべをぬるのに5.76 dL のペンキを使いました。1 m²のかべをぬるのにペンキは何 dL 使いますか」と尋ねられたときに「0.8でわる」と「1 m²あたり」を求めることができるということがなかなかイメージできないのである。演算決定については，わり算では1あたりを

求めているということを，子どもたちと時間をかけて考えていくことが大切になる。

2 式を楽しむ

先ほどの$\frac{2}{5} \div \frac{3}{4}$の計算の仕方について，授業場面で考えてみる。立式ができた後「$\frac{2}{5} \div \frac{3}{4}$を計算してみよう」と言えば，「$\frac{2}{5} \times \frac{4}{3}$でできる」と言う子どもが出てくるだろう。そこで子どもたちと「本当に$\frac{2}{5} \div \frac{3}{4}$の計算が$\frac{2}{5} \times \frac{4}{3}$でできるのか」について考える。これまでに習ったことを使って考えることが大切である。

①$\frac{1}{4}$dL でぬれる面積を求めて4倍する

1 dL でぬれる面積をいきなり出すのは難しいので「何 dL のときの面積なら出せそうかな」と尋ねる。図を見て$\frac{1}{4}$ dL のときの面積なら出せそうと子どもたちが言った。このときの式は，$\frac{2}{5} \div 3$となる。

$\frac{1}{4}$ dL 分が求められるのでそれを4倍すれば1 dL あたりを求められる。分母が5×3，分子が2×4となり，$\frac{2}{5} \times \frac{4}{3}$で計算できることがわかる。

$$\frac{2}{5} \div \frac{3}{4} = \left(\frac{2}{5} \div 3\right) \times 4$$
$$= \frac{2}{5 \times 3} \times 4$$
$$= \frac{2 \times 4}{5 \times 3}$$

ここで大切にしたいのは「何 dL のときの面積なら出せそうか」と子どもたちが考えることである。このように問うことで，既習内容を想起することができるからである。

②わる数を1にする

$\frac{3}{4}$でわるのは難しいということを共有した後「わる数を□にしてみるよ。$\frac{2}{5} \div \Box$，□がどんな数だったらすぐに答えを出すことができる？」と，子どもたちに問えば「□が1だったら簡単」と引き出すことはできる。少し

強引だが，このようにして「わる数が1だと簡単」と，1でわることのよさを共有する。「どうしたらわる数を1にすることができるのか」ということが子どもたちのめあてになる。

わる数を1にするためには，わられる数とわる数のどちらにも逆数である$\frac{4}{3}$をかけるとよい。結果的に$\frac{2}{5} \times \frac{4}{3} \div 1$となり，$\frac{2}{5} \times \frac{4}{3}$で計算できることがわかる。

$$\frac{2}{5} \div \frac{3}{4} = \left(\frac{2}{5} \times \frac{4}{3}\right) \div \left(\frac{3}{4} \times \frac{4}{3}\right)$$
$$= \frac{2}{5} \times \frac{4}{3}$$
$$= \frac{2 \times 4}{5 \times 3}$$

③わる数を整数にする

②のときに，$\frac{2}{5} \div \Box$の□が整数だったら簡単に計算することができるという考えも出てくるはずである。どうしてわる数が整数だったら計算できるのか問い，既習とつなげた後，右上のように$\frac{2}{5} \times \frac{4}{3}$で計算できることを確認していく。

$$\frac{2}{5} \div \frac{3}{4} = \left(\frac{2}{5} \times 4\right) \div \left(\frac{3}{4} \times 4\right)$$
$$= \frac{2 \times 4}{5} \div 3$$
$$= \frac{2 \times 4}{5 \times 3}$$

6年生の計算授業では，子どもたちがただ単に計算できることを目的とするのではなく，既習内容をフル活用できるように仕向けていくことが大切である。

子どもたちが，わる数を1にしたくなるようにしたり，わり算のきまりを使いたくなるようにしたりするために，教師はどうすればよいのか。どのように子どもたちに問いかければよいのかについて考えることが，6年生の計算の授業に必要だと考えている。

これからの
計算の授業

▌分数の乗除の授業づくり▐

分数の乗除，
それぞれで意識したいこと

森本隆史

◆分数の乗法

6年生では，分数×整数，分数÷整数の次に分数×分数の学習をする。分数×分数の単元でどのような学習をするのかが，次の分数÷分数につながっていく。

> 1 dL で $\frac{4}{5}$ m²ぬれるペンキがあります。
> このペンキ $\frac{2}{3}$ dL では何 m²ぬれますか。

上のような問題があったときに，まずは演算決定で子どもたちが困ることが予想できる。そこで，下のような図を使えるようにしたい。

ぬれる面積 / ペンキの量

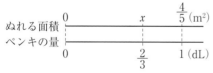

学級の実態によるだろうが，演算決定するときの道具として，子どもたちに教えておきたい。これは小数のかけ算や小数のわり算のときにもおさえておきたい図なので，5年生を教えるときに6年生のことを意識し

$\frac{4}{5}$m²	x m²
1 dL	$\frac{2}{3}$dL

ておくとよい。

また，分数×分数の学習をするとき，乗法の意味が拡張されていることを意識しておくことも大切である。小数の乗法を学んだときに，すでに乗法の意味が拡張されているが，子どもたちの中にはかけ算のことを考えるときに同数累加でしか考えられないこともある。

乗法の意味として，子どもたちが，基準とする大きさとそれに対する割合から，その割合にあたる大きさを求める計算として捉えられるようにすることも意識しておきたい。

さらに，計算の仕方については時間をかけて扱う必要がある。

先ほどの問題の場合，以下の式になる。

$$\frac{4}{5} \times \frac{2}{3}$$

この計算をするときに，

$$\frac{4}{5} \times \frac{2}{3} = \frac{4 \times 2}{5 \times 3} = \frac{8}{15}$$

と，形式的に答えを求めるのでなく，これまでに学習したことを使い，多様な考え方で計算していくことを大切にしたい。子どもたちから出てこない場合は，教師が式を示してもよい。

$$\frac{4}{5} \times \frac{2}{3} = \frac{4}{5} \times \frac{1}{3} \times 2 = \frac{4}{5} \div 3 \times 2 = \frac{4 \times 2}{5 \times 3} = \frac{8}{15}$$

上のような式が出てきた場合，どうして「$\times \frac{2}{3}$」が「$\times \frac{1}{3} \times 2$」となるのか，「$\times \frac{1}{3} \times 2$」がどうして「$\div 3 \times 2$」になるのかということを，子どもたちと丁寧に話し合っていきたい。こういう場面に時間をかけることで，かける数を単位分数のいくつ分と見たり，$\times \frac{1}{3}$ が3等分していると考えたりすることが

できる子どもが増えてくる。

　かける数の$\frac{2}{3}$を$2\div3$と見ることで，

$$\frac{4}{5}\times\frac{2}{3}=\frac{4}{5}\times2\div3=\frac{4\times2}{5\times3}=\frac{8}{15}$$

とすることもできる。このような場面で大切にしたいのは「どうして$\frac{2}{3}$を$2\div3$としようと思ったのか」を尋ねることである。このように尋ねれば，子どもたちは「分数だったら考えにくいけど，整数だったら計算できる」など，これまでに習ったことを使うよさについて語ってくれる。子どもたちがうまく既習内容を使った場面では，このように「どうしてそうしようと思ったのか」と，その根拠を尋ねていくと，次の場面でも使える子どもが増えてくる。

◆**分数の除法**

　分数の除法の学習では，$\frac{2}{3}$でわるという意味や計算の仕方をしっかりと扱っていく。

　小数の除法のときに，$6.4\div0.8$のように「0.8でわる」ということに対して，多くの子どもたちがイメージをもつことができなくなる。同じように「$\frac{2}{3}$でわる」ということに対しても抵抗感をもつ。これは，子どもたちの中にわり算というものは分けるものだという意識があるからである。

　小数の除法で学習したときにも，除法では，乗法の逆として，割合を求める場合と，基準にする大きさを求める場合があることを学んでいる。しかし，子どもたちにはこのようなことが捉えにくい。

> $\frac{3}{4}$dL で $\frac{2}{5}$m²ぬれるペンキがあります。
> このペンキ 1 dL では何 m²ぬれますか。

　このような問題があったとき「どうして$\frac{4}{5}$を$\frac{2}{3}$でわるのか」ということは，子どもたちにとってみると大きな問いになる。5年生のときに学んだことも思い出しながら，時間をかけていきたい。

　計算の仕方については，難しいのだが，これまでに学んだことを使い，式で表すことを楽しみたい。

$$\frac{2}{5}\div\frac{3}{4}=\frac{2}{5}\div3\times4=\frac{2\times4}{5\times3}=\frac{8}{15}$$

　このように$\frac{1}{4}$dL でぬれる面積を$\frac{2}{5}\div3$で求めた後，4倍して1 dL 分の面積を求める考え方はよく出てくる。しかし，以下の式は一部の子どもからしか出てこない。

$$\frac{2}{5}\div\frac{3}{4}=\frac{2}{5}\times4\div3=\frac{2\times4}{5\times3}=\frac{8}{15}$$

　この式は，先に$\frac{2}{5}$を4倍することで，3 dL では何 m²ぬれるのかについて求めて，その面積を3等分するという式になる。

　式を比べると「$\div3\times4$」と「$\times4\div3$」というように大きなちがいがないように見える。しかし，「$\times4\div3$」の方は$\frac{3}{4}$dL を「3 dL を4等分したうちの1つ分の量」と捉えられる。これは5年生で学習した商分数の見方にあたる。子どもたちから，この式は商分数とかかわっているという意見はなかなか出てこないかもしれない。

　ただ，子どもたちが表現する式が，これまでのどの学習と結びついているのかということを，分数の除法の学習では，教師が意識しておくことで，子どもたちの学びも変わってくる。

ⓔ 編集後記
editor's note

　子どもの頃から計算が好きだった私は，本特集テーマである『「計算指導」に強くなる』は，最も興味のある内容であり，日本の算数教育を豊かにするために，価値のあるテーマだと考えている。◆清水美憲先生は，計算に関連する活動を数学的活動の文脈で広く捉え直すことの必要性を述べられた。授業の中で計算する，計算をつくる，計算をよむという局面を創り出してみたい。◆池田先生は計算を学ぶ価値について，「一歩先を予測して行動する」，「先人の知恵を享受する」，「発展を求めてやまない心」，「逆境を逆手に取り，考えを成長させる」の４つの観点から論じられた。これからの「計算指導」の指針になる。◆笠井先生には，全国学力・学習状況調査の結果の分析から，計算の意味指導，特にかけ算やわり算の意味の拡張が課題であることと，計算の仕方などの思考の問題については，抽象的な言葉でまとめることが課題とご指摘いただいた。問題点が明確になった。◆清水紀宏先生は，加法と減法の場面を６つのカテゴリに分類した研究を紹介され，それを３つのカテゴリ（合成，変換（変化），静的な関係（比較））にまとめて，その視点からの指導を考察された。興味深い分類であり指導の参考になる。◆日野先生は「比例的推論」を視点として，かけ算の意味指導について論じられた。かけ算の意味指導と比例関係がいかに密接につながっているかを理解することができた。◆中村先生には，除法の意味について，測定や分数，比例の文脈から論じていただいた。他の領域の活動においてもいかにわり算の素地となる活動を意識するかが重要であることがわかった。◆布川先生は，計算の性質を取り扱うことは，計算自体を考察の対象にすることと述べられている。一段高いところから計算を俯瞰する力を育てるためにも，計算の性質は今後さらに重要な学習内容になると考えられる。◆山崎先生は，計算の仕方について，いくつかの提案をされている。その中の「上手に工夫する」や「筆算を考察する」などを面白いと感じた。すぐにでも取り組んでみたい。◆清野先生は式のもつよさを子どもに伝えることが重要と述べられている。計算指導における式表現の価値を伝えられる教師でありたい。

　お忙しいところ，貴重なお考えをお寄せいただいた先生方に心から感謝を申し上げる次第である。　　　　　　　　（盛山隆雄）

ⓝ 次号予告
next issue

No.146

特集　算数授業を見直すきっかけ

　また，新しい年度が始まろうとしています。読者の方々も，新たな年度が始まるとき，新しく出会う子どもたちと「今までよりも楽しい算数の授業をするぞ」と，気合いが入るのではないでしょうか。

　しかし，今までよりも楽しい算数の授業をするためには，自分の授業を見直す必要があります。

　例えば，わたしたちは授業前，教科書を開いて何を見て，何を考えているのでしょうか。授業中，どこを見ているのでしょうか。次号が，算数授業を見直すきっかけができるような号になるとよいと思っています。

ⓢ 定期購読
subscription

　『算数授業研究』誌は，続けてご購読いただけるとお得になる年間定期購読もご用意しております。

■ **年間購読**（６冊）5,292円（税込）
　［本誌10％引き！　送料無料！］

■ **都度課金**（１冊）980円（税込）
　［送料無料！］

　お申込詳細は，弊社ホームページをご参照ください。定期購読についてのお問い合わせは，弊社営業部まで（頁下部に連絡先記載）。　https://www.toyokan.co.jp/

算数授業研究 No.145
2023年３月31日発行

企画・編集／筑波大学附属小学校算数研究部
発　行　者／錦織圭之介
発　行　所／株式会社 東洋館出版社
　　〒101-0054　東京都千代田区神田錦町2丁目9番1号
　　　　　　　　　　　　　コンフォール安田ビル２階
　　電話　03-6778-4343（代　表）
　　　　　03-6778-7278（営業部）
　　振替　00180-7-96823
　　URL　https://www.toyokan.co.jp

印刷・製本／藤原印刷株式会社
ISBN 978-4-491-05133-8　Printed in Japan

田中博史 全面監修

後期から使える 下巻改訂版 ついに刊行!

板書で見る 算数 全単元・全時間の授業のすべて 小学校1年(上) 小学校2年(上) 小学校3年(上)
板書で見る 算数 全単元・全時間の授業のすべて 小学校4年(上) 小学校5年(上) 小学校6年(上)

新教科書対応! 授業DVD
100万部突破! 売上げNo.1! 1年分の授業プランが手に入る!

B5判
3,080円(税込)

ここが新しい

大好評頂いている板書シリーズ

◇ **新学習指導要領に対応**

子どもとの対話を板書しながら展開していく授業の実際がわかる!

◇ **執筆者による授業DVD付き**

授業づくりのポイントをより見やすく!!

◇ **全ページ見やすい2色刷り**

本書は『板書で見る全単元・全時間の授業のすべて』のシリーズの第3期になります。このシリーズは読者の先生方の厚い支持をいただき累計100万部となる,教育書としてはベストセラーと言えるシリーズとなりました。

今回のシリーズも執筆者集団には,文字通り算数授業の達人と言われる面々を揃えました。子どもの姿を通して検証された本物の実践がここに結集されていると思います。さらに,各巻には具体的な授業のイメージをより実感できるように,実際の授業シーンを板書に焦点を当て編集した授業映像DVDも付け加えました。

明日の算数授業で,算数好きを増やすことに必ず役立つシリーズとなったと自負しています。

板書シリーズ算数 総合企画監修
「授業・人」塾 代表 田中 博史
前筑波大学附属小学校副校長・前全国算数授業研究会会長

1年(上)執筆：小松信哉・中田寿幸・永田美奈子・森本隆史

板書で見る 算数 全単元・全時間の授業のすべて 小学校2年(上)
100万部突破! 売上げNo.1! 1年分の授業プランが手に入る!
山本良和 著 2年(上)

板書で見る 算数 全単元・全時間の授業のすべて 小学校3年(上)
100万部突破! 新教科書対応! 授業DVD 売上げNo.1! 1年分の授業プランが手に入る!
夏坂哲志 著 3年(上)

板書で見る 算数 全単元・全時間の授業のすべて 小学校4年(上)
新教科書対応! 授業DVD 100万部突破! 売上げNo.1! 1年分の授業プランが手に入る!
大野桂 著 4年(上)

板書で見る 算数 全単元・全時間の授業のすべて 小学校5年(上)
100万部突破! 売上げNo.1! 1年分の授業プランが手に入る!
盛山隆雄 著 5年(上)

板書で見る 算数 全単元・全時間の授業のすべて 小学校6年(上)
新教科書対応! 授業DVD 100万部突破! 売上げNo.1! 1年分の授業プランが手に入る!
尾﨑正彦 著 6年(上)

絶賛発売中!!

新 板書で見るシリーズ 特設サイトはこちらから↓

見やすい二色刷り

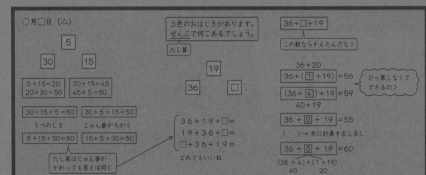

本時案

おはじきは全部で何個あるのかな？

11/11

本時の目標
・3口のたし算場面を通して，たし算の交換法則と結合法則が成り立つことや，式の中に（ ）を用いる意味を理解することができる。

本時の評価
・たし算の交換法則が成り立つことを理解することができたか。
・たし算の結合法則が成り立つこと及び（ ）を用いて式を表す意味を理解することができたか。

準備物
・おはじきの数を書いたカード

授業の流れ

1 全部で何個あるでしょう？

問題場面を提示し，おはじきの個数を書いた3つのカード（30，5，15）を見せる。子どもは，たし算の場面だと判断し，個数を求める式を書く。そしておはじきの数は，2つの式でも1つの式でも求められること，足す順番が変わっても答えは同じだということを確かめる。

何色のおはじきの数から足してもよいので，たし算の交換法則が成り立つ意味が理解しやすい。

2 たし算は順番が変わっても答えは同じだから…

もう1組のおはじきの数（36，□，15）を示す。ところが，1つの色のおはじきの数は決まっていない。後で数を決めることを伝え，1つの式に表すことにする。

3 「36＋□＋19」の計算が簡単にできる数を入れよう！

「36＋□＋19」の□の中に，この数だったら簡単に計算できると思う数を書き入れさせると，上のような数を入れている。

4 どうしてその数にしたのかな？

友達が□の中に入れた数の意味を考える。
「1」は「1＋19＝20」になるから簡単だと言う。また，「4」の場合は，「36＋4＝40」になるから簡単で，どちらも足すと一の位が0になる数にしていることが分かってくる。
さらに「5」の場合は，これを4と1に分けて，「36＋4＝40」と「1＋19＝20」にしていることも理解される。

まとめ

たし算は足す順番を変えても答えは変わらないこと，そして，3口のたし算の場合に右側から先に計算しても左側から計算しても答えは変わらないことを確かめる。また，3口のたし算で先に計算することを表す記号に（ ）があることを教える。

36＋（1＋19）＝56
（36＋4）＋19＝59
36＋5＋19＝（36＋4）＋（1＋19）＝60

おはじきは全部で何個あるのかな？
048

第11時
049

各巻1本の授業動画付

1年(上) 中田 寿幸 「とけい」第2時

2年(上) 山本 良和 「たし算」第11時

3年(上) 夏坂 哲志 「わり算」第10時

4年(上) 大野 桂 「倍の見方」第1時

5年(上) 盛山 隆雄 「小数のわり算」第1時

6年(上) 尾﨑 正彦 「対称な図形」第1時
関西大学 初等部 教諭